Kurt Tucholsky

Schloß Gripsholm

Eine Sommergeschichte

그립스홀름 성

1판 1쇄 발행 2020년 3월 30일

지은이 | 쿠르트 투홀스키
옮긴이 | 이미선
발행인 | 신현부

발행처 | 부북스
주소 | 04613 서울시 중구 다산로29길 52-15(신당동), 301호
전화 | 02-2235-6041
팩스 | 02-2253-6042
이메일 | boobooks@naver.com

ISBN 979-11-86998-89-2
ISBN 978-89-93785-07-4 (세트)

이 도서의 국립중앙도서관 출판예정도서목록(CIP)은 서지정보유통지원시스템 홈페이지
(http://seoji.nl.go.kr)와 국가자료종합목록 구축시스템(http://kolis-net.nl.go.kr)
에서 이용하실 수 있습니다. (CIP제어번호 : CIP2020009149)

부클래식

081

———

그립스홀름 성

여름 이야기

쿠르트 투홀스키

이미선 옮김

부북스

차례

그립스홀름 성 여름 이야기

우리는 나팔을 불어
대지에 크게 울리며 널리 퍼지게 할 수도 있다.
하지만 앵초가 만발하고 지빠귀가 우는
오월의 날에는 차라리 걷는다
조용히 생각에 잠겨 시냇가를.

테오도어 슈토름

1장

1

에른스트 로볼트 출판사

베를린 W 50

파사우어 슈트라세 8/9

6월 8일

친애하는 투홀스키 씨에게,

6월 2일자 편지 진심으로 감사드립니다. 원하시는 게 뭔지 잘 알겠습니다. 오늘은 다른 용건이 있습니다.

아시다시피 저는 최근에 선생님께서 열심히 작업하신 온갖 종류의 정치 서적을 출판해오고 있습니다. 그런데 이제는 다시 '아름다운 문학'에 몰두하고 싶습니다. 써 놓은 글은 없으신지요? 만약에 그렇다면, 짧은 사랑이야기는 어떨까요? 한 번 생각해 보십시오! 책이 비싸면 안 됩니다. 초판은 만부 인쇄해 드리겠습니다. 매번 출장 갈 때마다, 저와 친한 서적 소매상들은 그런 책을 사람들이 얼마나 좋아하는지 말해 줍니다. 어떻습니까?

선생님께 드릴 돈이 아직 46라이히스마르크[1] 남아 있는데, 어디로 송금을 해드릴까요?

감사합니다.

당신의

[과장된 장식체로] 에른스트 로볼트

6월 10일

친애하는 로볼트 씨에게,

6월 8일자 편지 감사합니다.

네, 사랑 이야기라…… 친애하는 대가님, 어떻게 그런 생각을 하십니까? 이런 시기에 사랑이라니요? 사랑하고 있나요? 도대체 요즘에 누가 사랑을 한답니까?

그것보다는 차라리 짧은 여름 이야기가 나을 것 같습니다.

이건 쉽지 않은 일입니다. 제 신변잡기로 대중을 괴롭히는 걸, 제가 얼마나 싫어하는지 잘 알지 않습니까. 그러니 그

---

1 라이히스마르크(Reichsmark): 1924년부터 1948년 6월 10일까지 쓰였던 독일의 통화.

일은 그만 둡시다. 게다가 저는 타자기로 모든 여인을 속여서 로맨틱한 경험을 하게 만들지도 못합니다. 그런데도 제가 그런 이야기를 꾸며내야 하겠습니까? 판타지는 사업가들만 갖고 있습니다. 그들이 돈을 갚을 수 없을 때 말입니다. 그렇게 하면 그들에게 많은 생각이 떠오르죠. 우리 중 누군가에도……

제가 사람들한테 그들이 원하는 꿈("백작 부인은 은빛 야회복을 살짝 들어 올리고 백작에게는 눈길 한 번 주지 않고 성의 계단을 내려갔다.")을 써 주지 않으면, 실내 체조로서의 결혼과 "인간적인 장면"과 우리가 좋아하지 않는 모든 하찮은 것에 관한 문제만 남게 됩니다. 비용[2]한테서 소재를 훔치지 않는다면 어디서 소재를 얻나요?

이제 서정시에 대해 이야기해봅시다.

우리의 출판 계약 제9항에서 증정본을 15퍼센트로 계산하셨는데, 이건 어쩐 영문입니까? 비평용 증정본을 그렇게 많이 세상에 내보낸 적은 한 번도 없었잖습니까! 귀하한테 속한 작가들의 피땀을 그렇게 꿀꺽하시겠다니요! 우리 중 누군가는 딱딱한 의자에 앉아 김빠진 맥주나 홀짝거리고 있을 때, 귀하는 벨벳 의자에 앉아 술을 마시는 게 놀랄 일은 아니군요. 그런데 모든 게 다 그런 식이죠.

---

2 프랑수와 비용(François Villon, 1431-1463): 프랑스 시인.

귀하께서 제게 친절하신 건 잘 알고 있습니다. 46라이히스마르크 때문에 친절을 베풀어 주셔서 기쁩니다. 늘 그렇듯옛 주소로 보내주십시오. 그건 그렇고 저는 다음 주에 휴가를 떠납니다.

감사합니다.

투홀스키 드림

에른스트 로볼트 출판사

베를린 W 50

파사우어 슈트라세 8/9

6월 12일

친애하는 투홀스키 씨에게,

이번 달 10일자 편지 감사드립니다.

증정본을 15퍼센트로 책정하는 것은 ─ 이건 정말 믿어 주셔야 합니다 ─ 제가 돈을 벌 수 있는 유일한 방식입니다. 친애하는 투홀스키 씨, 우리의 대차대조표를 보신다면, 가난한 출판업자가 얼마나 어려운 상황에 처해 있는지를 아실 겁니다. 15퍼센트를 받지 않으면 저는 생계를 이어갈 수가 없어요, 그대로 굶어 죽을 겁니다. 선생님도 그걸 원하지는 않으시겠지요.

여름 이야기는 잘 생각해 주시기 바랍니다.

독자들은 정치나 최신의 사건뿐만 아니라, 여자 친구들한 테 선물할 수 있는 뭔가를 원합니다. 이런 것이 얼마나 부족한지 모르실 겁니다. 저는 전지 15장 내지 16장 분량에, 내용은 너무 광범위하지 않고, 달콤한 감정을 담고, 약간은 반어적인 짧은 이야기를 화려한 겉표지의 양장본 책으로 만들려고 합니다. 내용은 선생님이 원하는 대로 쓰십시오. 증정본을 14퍼센트로 내리면 선생님의 뜻에 부합하지 않을까 생각합니다.

우리의 새로운 카탈로그를 어떻게 생각하는지요?

휴가 잘 보내시길 바라며 이만 인사드립니다.

당신의

[과장된 장식체로] 에른스트 로볼트

6월 15일

마에스트로 로볼트 씨에게,

굴브란손[3]이 새로운 카탈로그에 귀하를 정말 잘 그려놓았더군요. 강둑에 조용히 생각에 잠겨 앉아 살찐 물고기를 낚고 계신 모습 말입니다. 증정본 14퍼센트는 구미가 충분

---

3 굴브란손(1873-1958): Olaf Leonhard Gulbransson, 혹은 Olaf Leonhard Gulbranson, 대개 그저 Olaf Gulbransson이라 불린다. 노르웨이의 화가, 삽화가, 풍자화가.

히 당기지 않는 미끼입니다. 12퍼센트라면 아주 좋습니다. 이 점 다시 한 번 생각해 주시기를, 귀하의 돌덩이 같은 출판업자 가슴을 살짝 찔러 보시기 바랍니다. 14퍼센트로는 정말 글귀 하나도 떠오르지 않습니다. 저는 12퍼센트 이하가 되어야 작품을 씁니다.

벌써 한 발은 기차에 들여놓은 채 이 편지를 쓰고 있습니다. 한 시간 안에 기차는 스웨덴으로 출발합니다. 이 휴가 동안에는 아무 일도 하지 않고, 나무들을 바라보며 진정한 휴식을 만끽하고 싶습니다.

돌아오면 이 일에 대해 다시 한 번 생각해 봅시다. 자 이제 모자를 흔들며 귀하게 진심으로 인사를 드립니다. 좋은 여름 보내십시오! 그리고 잊지 마십시오. 12퍼센트입니다!

감사합니다.

당신의 충실한 투홀스키

추신: 서명하고 – 봉인하고 – 우표를 붙이고 – 지금은 정각 8시 10분입니다. 기차는 9시 20분에 베를린을 출발, 코펜하겐으로 갑니다. 그리고 이제 우리는 공주를 데리러 갑니다.

2

그녀의 목소리는 알토였고, 이름은 뤼디아였다.

그런데 칼헨과 야콥[4]은 우리 세 명 중 한 사람과 관계있는 모든 여인을 '공주'라고 불렀다. 그녀의 남자에게 존경심을 표하기 위해서였다. 그래서 이제는 이 사람이 공주가 되었다. 그녀 외에 다른 여인은 더 이상 그 칭호를 받으면 안 되었다.

그녀는 당신이 생각할 수 있는 모든 뉘앙스를 품은 인물이었다. 그녀는 비서였다. 볼품없고 뚱뚱한 어떤 가게 주인의 비서였다. 언젠가 주인을 본 적이 있었는데 정말 흉측했다. 그런데 그와 뤼디아 사이에……, 아니다! 그건 소설에나 나올 법한 일이다. 그 남자와 뤼디아 사이에는 한편은 애정, 신경질적인 용인, 신뢰, 다른 한편은 애정, 혐오, 참을성 있는 신경질이라는 그 이상한 관계가 존재했다. 그녀는 그의 비서였다. 그 남자는 '총영사'라는 직책을 갖고 있었는데, 보통은 비누를 팔았다. 사무실에는 늘 상자들이 사방에 널려 있었다. 그것은 그 뚱뚱한 남자의 손에 기름이 번들거릴 때, 적어도 핑계는 되었다.

---

4 쿠르트 투홀스키는 1차 대전 중에 독일 저널리스트이자 정치가인 에리히 다넬 (Erich Danehl, 1887-1954)과 한스 프리취를 알게 되었고, 이들과의 우정은 평생을 갔다. 두 사람은 '칼헨'과 '야콥'이라는 이름으로《그립스홀름 성》과 다른 작품에 등장한다.

총영사는 갑자기 제후와 같은 아량으로 뤼디아에게 5주간의 휴가를 베풀었다. 그리고 자신은 아바치아[5]로 떠났다. 그는 어제 출발했다. 침대열차에서 편안하기를! 사무실에는 그의 매부와 뤼디아를 대신할 여사무원이 남아있었다. 그러나 총영사의 비누한테 내가 무슨 관심이 있겠는가. 뤼디아에게 관심이 있지.

저기 그녀가 벌써 짐 가방들과 함께 집 앞에 서 있었다.

"안녕!"

"벌써 왔어?" 공주가 말했다.

택시기사는 그녀의 말을 듣고 엄청 놀랐다. 그는 그녀의 말을 동부 중국어로 생각했을 것이다. 그러나 그것은 미싱 방언[6]이었다.

미싱 방언은 저지 독일어를 하는 사람이 표준 독일어를 말하려고 할 때 나오는 말이다. 이 언어는 매끄럽게 왁스를 칠한 독일어 문법이라는 계단 위를 기어 올라갔다가, 좋아하는 저지 독일어가 되어 완전히 미끄러져 내려온다. 뤼디아는 로슈

---

5   아바치아(Abbazia): 크로아티아 서북부의 해안 도시. 오스트리아의 황제 프란츠 요제프 1세가 겨울을 보냈다.

6   미싱 방언(Missingsch): 고지 독일어와 저지 독일어가 섞인 북부 독일에서 쓰는 언어. 독일의 고지는 알프스 산맥이 있는 남부지방을 뜻하며, 저지는 북부지역을 뜻한다. 독일의 표준어는 중북부의 도시 하노버 지역의 언어이다.

톡[7] 출신이라 이 방언을 완벽하게 구사했다. 그것은 농부들이 쓰는 저지 독일어가 아니었다. 훨씬 세련됐다. 미싱 방언 속에 들어있는 표준 독일어는 조롱하거나 캐리커처와 같은 효과를 낸다. 마치 농부가 연미복에 실크해트를 쓰고 들에 나가 밭을 가는 것처럼. 실크해트는 세련된 도시의 모자다. 만일 당신이 그 모자를 쓰는 데 익숙하지 않다면, 모자는 항상 미끄러져 내려간다. 그 모자는 그 짓을 한다. 이 북독일 사람들의 모든 유머는 바로 그 저지 독일어 안에 있다. 누군가 이 언어를 과하게 사용할 때는, 북독일인 특유의 선량한 조롱을 하는 것이고, 그들이 잘난 체를 예감할 때는, 확실하게 포장된 농담을 한다. 그들은 잘난 척을 예감한다, 확실하게. 뤼디아는 기회만 되면 이 언어를 사용했다. 다음이 그러한 예였다.

"늦잠 자느라고 시간을 어기지 않다니 정말 놀랍네!"

뤼디아는 이렇게 말하더니, 힘차고 조용한 동작으로 나랑 운전사를 도우러 왔다. 우리는 짐을 실었다.

"여기, 닥스훈트 받아!"

닥스훈트는 통통하고 멍청할 정도로 길쭉한 핸드백이었다. 그녀는 정말 시간을 잘 지켰다! 그녀의 콧잔등에는 분이 살짝 발라져 있었다. 우리는 출발했다.

---

7 로슈톡(Rostock): 독일 북동부에 있는 도시로, 발트 해와 인접해 있다.

뤼디아가 이야기를 시작했다.

"크렘저 부인이 모피와 따뜻한 외투를 여러 벌 가져가라고 했어. 스웨덴에는 절대 여름이 없대. 그곳에는 항상 겨울이래. 그럴 리가 있겠어!"

크렘저 부인은 공주의 가정부이자 침모이고 청소부인데, 커다란 도장을 갖고 공인해주듯 확답을 주는 여인이었다. 그녀는 그렇게 오랜 시간이 지났는데도 여전히 나를 은근히 불신하고 있었다. 이 부인에겐 훌륭한 직감이 있었다.

"말해봐, 거기 정말 그렇게 추워?"

내가 말했다. "참 이상해. 독일 사람들이 스웨덴에 대해 생각하는 건 뻔해. 스웨덴 펀치,[8] 엄청 춥다, 이바르 크로이거,[9] 성냥, 엄청 춥다, 금발 여인들, 엄청 춥다. 절대 그렇게 춥지 않아."

"그럼 얼마나 추운데?"

"여자들은 모두 사소한 일에 마음을 써." 내가 말했다.

"당신 빼고 모두." 뤼디아가 말했다.

"나는 여자가 아니야."

8　펀치(Punch): 럼주 또는 아락(Arrak), 설탕, 레몬즙, 물(차), 향료 따위로 만드는 혼합 음료.

9　이바르 크로이거(Ivar Kreuger, 1880-1932): 스웨덴의 기업가. '성냥 왕'이라는 별명으로 불린다.

"그래도 사소한 일에 마음을 써."

"들어 봐." 내가 말했다. "여기에는 논리적인 결함이 있어. 아주 정확하게 구분할 수 있어, 제일 먼저……."

"뤼디아한테 키스해줘!" 숙녀가 말했다.

나는 그렇게 했다. 운전기사 앞 유리창에 이 모습이 어른거려, 기사가 머리로 살짝 키스에 끼어드는 것 같았다. 그런 뒤 자동차는 멈췄다. 더 나은 모든 이야기들이 시작되는 곳, 기차역에서.

3

짐꾼 47번은 바르네뮌데[10] 출신이었다. 뤼디아는 고향 사람을 만나 너무 좋아서 끝임 없이 수다를 떨고 있었지만, 나는 시간이 없어 이 고향 사람들의 평화로운 풍경을 방해했다.

"짐 나르는 분도 함께 기차 타고 가나? 그러면 기차에서 계속 이야기할 수 있을 텐데……."

"바보! 그런 식으로 말하지 마!" 공주가 말했다.

"우리에게 시간은 아직 많이 있어요." 짐꾼이 말했다.

---

10   바르네뮌데(Warnemünde): 독일 메클렌부르크포어포메른 주 로슈톡에 있는 휴양지.

다수결로 졌으니 나는 입을 다물고, 두 사람은 열심히 장황설을 늘어놓기 시작했다.

"코를 뒤지히가 아직도 '그 강'가에 사는지, 아세요?"

"뒤지히, 글쎄……. 아 그 영감님! 그래요, 다행이죠, 아직도 거기 살아요! 게다가 애를 하나 더 만들었어요. 78살이었는데 말예요. 여기 수하물 인도소에서 일하고 있는 난 그 노인을 정말 부러워했죠. 아이는 노인의 16번째 아이였어요."

이제 출발까지 8분밖에 안 남았다, 그리고…….

"뤼디아, 신문 살래?"

아니, 그녀는 싫다고 했다. 그녀는 읽을거리를 가져왔다. 우리 두 사람은 내용을 이미 잘 알고 있는 2파운드짜리 인쇄된 종이, 인쇄된 종이 휴지를 갑자기 역에서 사는 이상한 질병에 걸리지 않았다. 그런데도 우리는 신문을 샀다.

얼마 후, 코펜하겐을 지나 스웨덴에 도착하는 기차가 이 칸에 우리 둘만 태운 채 출발했다. 제일 먼저 마르크 브란덴부르크에 도착했다.

"이 지방을 어떻게 생각해, 페터?" 공주가 말했다.

우리는 나를 페터로 부르기로 합의했다. 왜 그랬는지는 하느님만 아신다.

이 지방? 청명하고 바람이 부는 유월의 어느 날이었다. 정말로 신선했다. 잘 정돈되고 잘 청소된 것 같은 풍경이었다.

이 풍경이 여름을 기다렸다가 이렇게 말했다. '나는 메말랐어.'

"그래……, 이 지방." 내가 말했다.

뤼디아가 말했다. "당신, 내가 돈을 냈으니 당신이 잘하는 뭔가 재치 있는 말을 할 수 있잖아. 예를 들면, 이 경치는 마치 얼어붙은 시 같다던가, 아니면 이 경치는 피우메[11]를 연상시킨다던가, 그곳에서 가톨릭적인 것은 꽃의 여신 플로라뿐이라던가, 뭐 이런 거."

"난 빈 출신이 아니야." 내가 말했다.

"다행이야." 그녀가 말했다.

그리고 기차는 계속 달렸다.

공주는 잠이 들었다. 나는 그냥 혼자 상상의 나래를 펼치고 있었다.

공주는, 내가 좋아하는 모든 여자에게, 아니 그냥 모든 사람에게도 "당신이 있어서 얼마나 좋은지 몰라"라고 말한다고 우긴다. 그건 새빨간 거짓말이다. 나는 때때로 "당신이 있어서 얼마나 좋은지 몰라…… 여기 말고 거기 있어서!"[12]라고

---

11   피우메(Fiume): 크로아티아 공화국의 항구 도시인 리예카(크로아티어어: Rijeka)의 이탈리아어 이름.

12   동사 'dasein'을 사용한 말장난. dasein은 '있다, 존재하다'라는 뜻으로, 이 단어에서 'da'만 따로 번역할 경우는 '거기'라는 뜻도 된다.

말하거나 생각하기는 한다. 하지만 뤼디아가 이렇게 내 곁에 앉아 있으면, 나는 이제 정말로 뤼디아가 했던 그런 말을 하곤 한다. 왜 그럴까?

당연히 다음과 같은 이유 때문이었다. 첫째……? 난 그걸 모르겠다. 우리가 아는 거라고는 이것뿐이다. 즉 독일어에서 가장 의미심장한 표현 중 하나는 서로를 참을 수 없는 두 사람에 대한 것이다.[13] 그런데 우리는 서로를 참을 수 있었다. 그리고 그게 유지되면, 그건 이미 아주 대단한 것이다. 뤼디아는 나한테는 모든 걸 다 포함하고 있는 존재였다. 연인이고, 희극 오페라이고, 어머니이자 친구였다. 내가 그녀한테 무엇인지는 결코 알아낼 수 없었다.

다음은 그녀의 알토 목소리였다. 언젠가 나는 한밤중에 그녀를 깨웠다. 그녀가 깜짝 놀라서 깨자, 나는 "아무 말이나 해 봐."라고 말했다.

"바보!" 그녀가 말했다. 그리고 미소를 지으며 다시 잠이 들었다. 하지만 나는 그녀의 목소리를 들었다, 저음의 알토 목소리를 들었다.

그리고 세 번째는 미싱 방언이었다. 저지 독일어가 거칠

---

13 '누구를 참을 수 없다'는 '싫어하다'와 동의어로, 여기서는 hassen(싫어하다, 미워하다)이라는 단어를 의미한다.

게 들린다는 사람들이 많다. 그들은 이 언어를 좋아하지 않는다. 난 이 언어를 늘 좋아했다. 아버지는 이 언어를 표준 독일어처럼 구사하셨다. 클라우스 그로트[14]가 말했듯이, 이 언어는 '두 언어 자매 중 더 완벽'하다. 이 언어는 바다의 언어이다. 저지 독일어는 무엇이든 될 수 있다. 부드럽고 거칠고, 유머로 가득 차고 진지하고, 또렷하고, 술 취하지 않고, 무엇보다도 사람들이 원하기만 하면 기분 좋게 취할 수도 있다. 공주는 이 언어를 표준 독일어에 구겨 넣었다. 표준독일어가 이 언어랑 얼마나 잘 맞아떨어지는지. 왜냐하면 미싱 방언은 프리슬란트[15]에서 함부르크를 지나 포메른[16]에 이르기까지 수백 종류가 있기 때문이다. 이 언어에는 지역마다 각각의 고유한 특징이 있다. 문헌학적으로는 그것을 알아내기 힘들다. 그러나 심장으로는 알아낼 수 있다. 공주가 바로 이런 것을 말하고 있는 것이다. 아, 늘 사용하지는 않는다! 늘 그 언어를 사용한다면 참기 어려울 것이다. 이따금, 기분 전환을 위해, 또는 막 그럴 기분이 들면, 그녀는 미싱 방언을 사용한다. 특

1 4   클라우스 요한 그로트(Klaus Johann Groth: 1819-1899): 독일 저지 독일어를 사용하여 작품을 쓴 서정시인, 작가.

1 5   프리슬란트(Friesland): 독일 니더작센 주의 북부 지역.

1 6   포메른(Pommern): 독일 동북부와 폴란드 서북부 지역으로 발트 해에 인접해 있다.

히 마음속에 있는 말은 이 언어로 했고, 그와 함께 시간이 지나면서 벌써 많은 것을 베를린으로부터 받아들여서 말했다. 그녀가 아주 빨리 "맙소사!"라는 말을 베를린 방언으로 하면, 그녀가 뭘 원하는지 알 수 있다. 하지만 베를린 방언을 하는 동안에도 저지 독일어를 쓰거나, 절반 쯤 그 말을 쓴다, 미싱 방언을.

아직도 오늘 일처럼 생각이 난다⋯⋯. 우리가 사귈 때였다. 나는 그때 그녀 집에서 차를 마시면서, 짝을 부르는 수컷의 은밀하고 우스꽝스러운 추파를 던지고 있었다. 이때는 우리 둘 다 정말 웃겼다⋯⋯. 나는 몽상에 잠긴 눈을 하고 문학에 대해 이야기를 했고, 뤼디아는 웃었다. 나는 재미난 얘기를 해주었고, 내 맘속 모든 진열장에 불을 밝혔다. 그러고 나서 우리는 사랑에 대해 얘기했다. 그것은 마치 바이에른 사람들의 격투 같았다. 그들도 처음에는 말로 치고 받는다.

그리고 그때 나는 모든 것을, 당시 내가 알고 있던 모든 것, 적지 않은 그 모든 것을 그녀에게 얘기했다. 엄청나게 대담한 사실들을 말해서 얼마나 뿌듯했던지. 그 모든 것을 정말 정확하고 화끈하게 묘사하고 실례를 들어가며 이야기했다. 그래서 이제 다음과 같이 말하는 순간이 오고야 말았다. "그래, 그래서 말이지⋯⋯."

그때 공주가 나를 한참을 쳐다보았다. 그러더니 이렇게 말했다. "정말 박식한 젊은이야!"

그렇게 끝나버렸다. 그리고 시간이 꽤 지난 뒤에 나는 다시 그녀 곁에 있었다, 여전히 웃으면서. 에로틱한 숭고함으로는 아무것도 이뤄지지 않았지만, 사랑으로는 뭔가가 이뤄졌다.

기차가 멈췄다.

공주는 잠이 확 깨어 눈을 떴다.

"어디야?"

"슈톨프[17] 아니면 슈타르가르트[18] 같아. 어쨌든 st로 시작하는 곳이야." 내가 답했다.

"어떻게 보여?" 뤼디아가 물었다.

"어떻게 보이냐면." 나는 말하면서 벽돌로 지은 작은 집들과 우울한 분위기를 띤 역에 눈길을 던졌다. "부하들을 혹사시킬 하사관들이 태어날 도시 같아. 여기서 점심 먹을래?"

공주는 곧바로 눈을 감아 버렸다.

"뤼디아, 우린 식당 칸에서 밥을 먹을 수도 있어. 기차에 식당 칸이 있어." 내가 말했다.

---

17 슈톨프(Stolp): 폴란드 북부에 있는 도시 스웁스크(Słupsk)의 독일 이름.

18 슈타르가르트(폴란드어: Stargard): 폴란드 북부 포모제 주에 있는 도시 스타르가르트의 독일식 발음. 2015년 12월 31일까지 스타르가르트슈체친스키(폴란드어: Stargard Szczeciński, 독일어: Stargard in Pommern)로 불렸다. 2016년 1월 1일 현재의 이름, 스타르가르트로 바뀌었다.

"아니." 그녀가 말했다. "식당 칸 급사들은 늘 기차의 속도에 전염이 되어 있어서, 모든 걸 엄청나게 급히 처리해. 하지만 내 위는 느려……."

"좋아. 근데 뭘 읽고 있어, 할멈?"

"벌써 2시간 째 상류사회 소설을 들여다보며 졸고 있어. 읽을 만한 유일한 본론은……." 그녀는 다시 눈을 감았다. 그리고 다시 떴다. "저 사람 좀 봐……, 저기 저 여자! 저 여자는 미조긴[19]이야."

"그녀가 뭐라고?"

"미조긴……, 그거 작다는 뜻 아냐? 아니, 피그미란 단어랑 헷갈렸어. 그 나무 위에 사는 사람들 말이야……. 어때?"

이런 혼선을 일으킨 뒤에 그녀는 다시 잠에 빠졌다. 그리고 우리가 탄 기차가 달렸다, 오래, 오래. 바르네뮌데까지. 그곳에 '그 강'이 있었다. 여기서 바르네는 그렇게 불렸다. 그런데 바르네였던가? 페네, 스비네, 디에베노프……. 아니면 그 강 이름이 다른 거였던가? 상관없었다. 칼헨과 야콥과 나는 단순하게 하기 위해 모든 도시에 그 도시를 연상시키는 이름의 강을 붙여주었다. 글라이베 강가의 글라이비츠, 비터 강가의 비터펠트 등.

---

19 독일어로 '여성혐오적인'이라는 형용사 misogyn.

여기 강가에는 아주 작은 집들이 늘어서 있었다. 한 채 한 채 거의 똑같이 생겼다. 바람이 불고 정말 아늑해 보였다. 돛배는 돛대를 회색 하늘에 꽂고 있었고, 짐을 실은 하역선이 잔잔한 물 위에 태평하게 떠 있었다.

"봐, 바르네뮌데야!"

"그건 내가 너보다 좀 더 잘 알아. 세상에, 설마······. 저기 저 강이야. 난 저기서 자랐어! 저기 카를 뒤지히가 살고 있어. 그리고 나의 옛 친구 비젠되릅쉬가. 그리고 지붕이 낮고 작은 집에는 도배공 크뢰가 살고 있어. 그 사람들은 계획된 세상에 자기들 외에는 아무것도 없다는 듯이 사는 좋은 사람들이야. 저건 시의원 에거스의 집이랑 보리수 세 그루. 봐, 저기 아름다운 바로크식 박공지붕을 한 낡은 집, 저긴 유령이 살아!"

"저지 독일어로 말하면서?" 내가 물었다.

"당신은 비꼬기를 좋아하는 사람이야. 바르네뮌데의 유령이 표준 독일어를 쓰면서 여기저기 나타난다고 생각하고 있는 거지. 아냐, 당신이 원하는 모든 건 질서정연해야 해, 사차원 세계에서도 말이야······! 그리고······."

쿵, 기차가 다른 선로에 들어섰다. 우리는 서로에게로 쓰러졌다. 그런 뒤 그녀는 계속 설명을 했고, 강가에 보이는 모든 집에 대해 이야기해 주었다.

"저기, 저 집, 저 집에는 늙은 브뤼스하버 부인이 살았어.

한 번은 그 부인이 엄청나게 나를 질투한 적이 있었는데, 내가 그 집 손자들보다 성적이 더 좋았기 때문이었지. 그 애들은 늘 부끄럼을 많이 탔어⋯⋯. 그래서 그 부인은 교장인 늙은 비도프에 대해 이렇게 말했어. '내가 그놈을 엉덩이 사이에 낄 수만 있다면, 그 놈을 발트 해까지 날려버릴 수 있을 텐데.'라고 말이야. 그리고 저기 있는 저 집은 늙은 라우프뮐러네 집이야. 세계사에서 나오는 그 사람 몰라? 라우프뮐러는 정부와 싸웠어. 당시의 정부는 루트비히 폰 데어 데켄 군수였어. 루트비히 폰 데어 데켄. 라우프뮐러는 그를 화나게 하려고 늙고 비루먹은 개 한 마리를 샀어. 그리고 그 개한테 루트비히라는 이름을 붙여주었지. 폰 데어 데켄 군수가 눈에 띌 때마다 라우프뮐러는 자기 개를 불렀어. '루트비히, 이리 와.' 하고. 그러고는 아주 뻔뻔하게 미소를 지었어. 군주는 화가 났지. 그래서 우리한테는 1918년에도 혁명이 없었던 거야. 그래."

"뮐러 씨는 아직 살아 있어?"내가 물었다.

"원, 세상에, 아니. 벌써 오래 전에 죽었어. 그는 거꾸로 선 채로 길에 묻히길 원했어."

"왜?"

"글쎄⋯⋯, 아마 그렇게 해서 가능한 한 오랫동안 소녀들의 치마 속을 들여다 볼⋯⋯, 세관이다!"

세관.

유럽이 세관 검사를 했다. 한 남자가 방에 들어왔다. 그는 정중하게 물었다. 혹시 우리가…….

우리는 대답했다.

"아니오, 없습니다."

그러자 그는 다시 사라졌다.

"알아들어?" 뤼디아가 물었다.

"못 알아들어." 내가 대답했다. "그냥 사교적인 놀이고 일종의 종교야, 조국의 종교. 나는 그 점에서는 까막눈이야. 봐, 그들은 적이 있고 국경이 있을 때만 여러 조국과 그런 것을 할수 있어. 그렇지 않으면, 어디에서 하나를 시작하고 어디에서 다른 것을 끝내야하는지 알지 못할 거야. 그래, 그래서는 안되지, 언때……?"

공주는 그래서는 안 된다고 생각했다. 그런 뒤 우리가 탄기차는 배로 밀려 올려졌다.

이제 우리는 쇠로 된 작은 터널, 기선의 벽과 벽 사이에 있었다. 쿵, 이제 기차가 고정되었다.

공주가 말했다. "대체 배가 어떻게 물에 떠 있는지 좀 알고싶어. 배는 정말 무겁잖아. 당연히 가라앉아야지. 왜 안 그럴까! 당신은 대학 나온 사람이지!"

"그건…… 방수벽 안의 공기 함량이……. 자, 잘 생각해봐……. 물의 비중이……. 그건 밀어내는 힘인데……."

"이봐." 뤼디아가 말했다. "누군가 전문용어를 지나치게 많이 사용한다면, 그건 뭔가 맞지 않다는 뜻이야. 그러니까 당신도 모르는 거지. 페터, 당신이 그렇게 멍청하다니 참 유감이야. 하지만 사람이 모든 것을 다 가질 수는 없지."

우리는 배 위를 이리저리 걸어 다녔다.

배의 길이로, 배의 우측으로, 배의 좌측으로. 기계들이 아주 조용히 작동했다. 바르네뮌데는 우리 뒤에 있었다. 알지 못하는 사이에 우리는 육지에서 떨어져 나왔다. 방파제를 지나갔다. 저기 해안이 보였다.

저쪽에 독일이 있다. 평평하고 숲이 우거진 해안선에는 점점 작아지고, 점점 희미해지는 집들과 호텔들만 보였다. 그리고 해변도……. 이런 게 아주 낮고 경미하고 거의 느낄 수 없는 흔들림이라는 걸까? 우리는 이런 건 바라지 않았다. 나는 공주를 쳐다보았다. 그녀는 내가 어디 가고 싶어 하는지 곧바로 알아차렸다.

"지금 토하고 싶으면, 젊은 친구, 그건 나한텐 쉭체 푸[20]야." 그녀가 말했다.

"그게 뭐야?"

"이건 프랑스어야." 그녀는 완전히 흥분했다. "이 젊은이

---

20 프랑스어 succès fou(대성공, 성황리)를 독일어 식으로 발음.

는 프랑스어도 못하는군. 파리에서 5년이나 공부를 했으면서……. 말해봐, 대체 거기서 내내 뭘 한 거야! 알 만해! 늘 주변에 어린 매춘부들이나 달고 다녔겠지, 안 그래? 당신은 호색한이야! 그런데 프랑스 여자들은 어때? 자, 뤼디아한테 얘기해봐. 우리 여기서 이리저리 돌아다니자, 배 길이를 따라서, 속이 좋지 않으면 배 난간 너머로 몸을 숙이면 돼. 책에는 늘 그렇게 나와 있어. 얘기해봐."

그래서 나는 이야기했다. 프랑스 여자들은 아주 이성적이다. 약간 변덕스러운 데가 있기는 하다. 하지만 변덕 또한 미리 계산되어 있다. 대부분 당연히 각자 한 사람의 남자만 있다. 남편, 남자친구일 수도 있다. 어쩌면 체면을 위해서 정부를 한 명 더 갖고 있을 수도 있다. 그녀들이 상대에게 충실하지 않다면, 그건 경솔하기 때문에 그럴 것이다. 그녀들은 거의 두 명 중 한 명은 직업을 갖고 있다. 그들은 선거권은 없지만 나라를 지배한다. 다리가 아니라 이성으로 지배한다. 그들은 사랑스러운 수학자이고 이성적인 심장을 가졌다. 때로 그 심장은 그들과 함께 나돌아 다니지만, 그녀들은 늘 휘파람을 불어 심장을 다시 불러들인다. 나는 그녀들을 완전히 이해하지는 못했다.

"정말 여자답네." 뤼디아가 말했다.

이제 배는 흔들리지 않았다. 배는 오직 그것만을 암시했다. 나도 뭔가를 암시했다. 그러자 공주가 식당으로 가라고 내게 명령했다. 그곳에서는 사람들이 앉아서 먹고 있었다. 그 모습을 보자 속이 좋지 않았다. 덴마크에서는 너무 기름진 것을 먹고, 이 배는 덴마크 배였다. 신사숙녀들이 막 먹고 있는 것은, 훈제 뱀장어, 청어, 저민 청어 살, 절인 청어, 그리고 그들이 '실드'²¹라고 부르는 어떤 것, 그 외에 나무에서 떨어진 청어, 그리고 청어뿐이었다. 육지에서는 언제나 한 가지는 다른 것보다 나았다. 그리고 청어에다 그 멋진 슈납스²²를 마셨다. 스칸디나비아 사람들은, 저기 있다시피, 이 술을 위해서라면 하늘나라에라도 갈 것이다. 공주는 황송하게도 식사를 해주셨다. 나는 경외심을 갖고 그녀를 보았다. 그녀는 열심히 먹었다.

"아무것도 안 먹어?"

그녀가 두 마리의 청어 사이에서 나한테 물었다. 나는 두 마리의 청어를 쳐다보았다. 두 마리의 청어가 나를 보았다. 우리 셋은 침묵했다. 배가 정박하고 나서야 나는 생기를 얻었다. 공주는 내 무릎을 쓰다듬으며 존경하듯 말했다.

---

2 1   실드(sild): 덴마크 어로 '청어'

2 2   슈납스(Schnaps): 증류주, 브랜디, 소주 등.

"당신은 나의 작은 클라우스 슈퇴르테베커야[23]!"

나는 정말 창피했다.

우리는 팬케이크처럼 평평하게 생긴 롤란 섬[24]을 덜컹거리며 지나갔다. 우리는 신문을 뒤적였고, 그런 뒤에 책 게임을 했다. 이건 순서를 바꾸어가며 상대방에게 자신의 책에서 한 문장을 뽑아 읽어 주는 것이다. 그러면 문장들이 서로 아주 멋지게 이어지게 된다. 공주는 책을 이리저리 펼쳤다. 나는 그녀의 손을 보았다. 아주 믿음직스러운 손이었다. 한 번은 그녀가 기차 복도에 서서 창밖을 내다보았다. 그러더니 가버렸다. 나는 그녀를 더 이상 보지 못했다. 그녀의 가방을 더듬었다. 거기에는 아직 그녀 손의 온기가 남아 있었다. 그 따스함을 쓰다듬었다. 그런 뒤 우리는 다시 바다에 떠 있다가, 계속 기차를 타고 갔다. 그리고 드디어! 드디어! 코펜하겐에 도착했다.

호텔에서 내가 말했다.

"집 뒤 정원 쪽에 묵게 되면, 부엌에서 냄새가 올라와. 게다가 지난번에는 술 취한 스페인 사람이 거기 있던 게 분명해. 피아노로 작품을 작곡하는데 하루 10시간 작업을 해. 하지만

23　클라우스 슈퇴르테베커(Klaus Störtebeker: 1360경-1401): 발트 해적단의 두목.

24　롤란(Lolland) 섬: 발트 해에 있는 덴마크 섬. 덴마크 섬들 중 4번째로 크다.

우리가 앞쪽 방향에 묵게 된다면, 매 15분마다 시청의 시계가 울려댈 거고, 그건 우리에게 시간의 무상함을 기억시킬 거야."

"그 가운데서 묵을 수는 없겠지……. 내 말은……."

그래서 우리는 시청 광장을 바라보는 곳에서 묵게 되었고, 시계가 울렸다. 정말 모든 게 다 좋았다.

뤼디아는 자기 음식 접시를 이리저리 찔러댔다. 그녀는 나를 놀란 듯 쳐다보았다.

"걸신들린 것처럼 먹네……." 그녀가 다정하게 말했다. "나는 많이 먹는 사람은 본 적이 있어. 빨리 먹는 사람도 봤지. 하지만 그렇게 많이 빨리는……."

"순수한 부러움이야."

나는 중얼거리면서 순무를 먹기 시작했다. 세련된 식사는 아니었다. 하지만 영양이 풍부한 저녁 식사였다.

그리고 그녀가 자려고 돌아눕고, 막 시청의 종이 울리자, 그녀가 혼잣말처럼 조용히 말했다.

"이제 바다로. 그런 다음엔 아주 제대로 흔들리는 배. 그리고 미지근한 한 잔의 기계기름……."

그러자 나는 일어나서 탄산수를 잔뜩 마셔야만 했다.

4

그래, 코펜하겐이다.

"루덴도르프[25]가 아직 여전히 기념비적 인물일 적에 늘 점심을 먹던 생선 전문 레스토랑을 보여줄까?"

"보여줘……. 아냐, 랑에리니[26]로 가는 게 낫겠어!"

우리는 모든 걸 봤다. 티볼리파크,[27] 멋진 시청, 토르발센[28] 박물관. 박물관 안에서는 모든 것이 깁스로 만들어진 것처럼 보였다.

"뤼디아!" 내가 불렀다. "뤼디아, 하마터면 잊어버릴 뻔했어! 그 폴뤼잔드리온[29]은 꼭 봐야 해."

"그…… 뭐라고?"

---

25 에리히 프리드리히 빌헬름 루덴도르프(Erich Friedrich Wilhelm Ludendorff, 1865-1937): 독일 장군, 정치가.

26 랑에리니(Langelinie): 덴마크 코펜하겐에 있는 공원이자 방파제.

27 티볼리파크(Tivolipark): 1843년 개장한 덴마크 코펜하겐의 테마파크.

28 베르텔 토르발센(Bertel Thorvaldsen, 1770-1844): 덴마크의 조각가. 토르발센 박물관에는 그의 조각 작품들이 전시되어있다.

29 폴뤼잔드리온(Polysandrion): 작가가 만들어낸 가상의 장소. 따라서 발음은 독일어식으로 표기한다. 스위스 예술사학자 롤프 탈만은 스위스 테신 지역에 있는 로카르노 근처 미누시오(Minusio)에 있는 건물이라고 주장한다. 투홀스키는 《그립스홀름 성》을 쓰기 전에 적어도 두 번은 이곳을 방문했다고 한다.

"폴뤼잔드리온! 당신 그건 꼭 봐야해. 가자."

긴 산책이었다. 이 작은 박물관은 멀리 시 외곽에 있었기 때문이다.

"그게 뭔데?" 뤼디아가 물었다.

"곧 보게 될 거야." 내가 말했다. "발트 인 두 명이 거기다 집을 지었어. 그중 한 사람은 폴뤼잔더 폰 쿠커스 추 티젠하우젠이라는 발트 제국의 남작인데, 자기가 그림을 그릴 수 있다고 믿고 있어. 하지만 못 그려."

"그걸 보려고 이렇게 멀리까지 가는 거야?"

"아냐, 그것 때문이 아냐. 그는 그림을 못 그리는데 그림을 그리거든. 더구나 언제나 같은 것, 자신의 어린 시절 꿈, 소년들을 그려……. 특히 나비들을."

"그래, 그러는 이유가 있어?" 공주가 물었다.

"그 사람한테 물어봐……. 아마 거기 있을 거야. 그 사람이 안 나타나면 그의 친구가 모든 역사를 이야기해 줄 거야. 그 역사는 들어봐야 해. 아주 멋지거든."

"어쨌든 야한 얘기겠지?"

"그럼 그곳으로 모실까요, 나의 검은 운명이여?"

그곳에는 작은 빌라가 있었다. 아름답지도 않고 북쪽 지방에 어울리지도 않았다. 오히려 남쪽, 북 이탈리아나 그 주변에 있을 법한 집이었다……. 우리는 집 안으로 들어섰다.

공주는 눈이 휘둥그레졌다. 나는 폴뤼잔드리온을 두 번째로 보는 것이었다.

여기서는 꿈이 현실이 되어 있었다. 신이여 우리를 보호하소서! 성실한 폴뤼잔더는 약 40평방킬로미터나 되는 비싼 아마포에 그림을 가득 그려 넣었다. 소년들이 이쪽에 서 있기도 누워있기도 하고, 저쪽에 둥둥 떠 있기도, 춤을 추기도 했다. 그리고 늘 같은 것, 같은 것이었다. 연분홍, 파랑, 노랑. 앞쪽엔 소년들, 뒤쪽에는 배경이었다.

"나비들이야!"

뤼디아가 소리치며 내 손을 잡았다.

"제발." 내가 말했다. "그렇게 크게 말하지 마! 뒤에 하녀가 몰래 따라다니다가 나중에 화가 선생한테 모든 걸 일러바쳐. 우리가 그분한테 상처를 주면 안 되잖아?"

정말이다. 나비들이었다. 나비들이 그려진 허공 속에서 하늘거리며 날아다녔다. 그리고 소년들의 둥근 어깨 위에 앉아 있었다. 우리는 지금까지 나비들은 꽃잎에 앉는 걸 좋아한다고 믿었는데, 이제 그게 잘못임을 깨달았다. 여기 그려진 나비들은 소년들의 엉덩이에 앉기를 좋아했다. 그것은 아주 서정적이었다.

"자, 부탁 좀 할게……." 공주가 말했다.

"조용!" 내가 말했다. "화가의 친구야!"

화가의 친구가 나타났다. 나이가 지긋하고 호감 가는 인상의 남자였다. 점잖은 시민처럼 옷을 입었지만, 우리의 회색빛 세기의 회색 의상을 멸시하는 것처럼 보였다. 양복이 그한테 이것에 대한 앙갚음을 했다. 그는 퇴직한 청년처럼 보였다. 그는 웅얼웅얼 자신을 소개하고 설명하기 시작했다. 차렷 자세로 칼을 차고 나비와 함께 서서, 경례하듯 오른손을 머리에 대고 있는 소년의 그림 앞에 서더니, 화가의 친구는 아주 멋진 발트식 억양으로 말을 했다. 노래하는 듯이 그리고 혀를 굴리는 R 발음으로.

"여러분이 여기 보시는 것은 아주 승화된 군국주의입니다."

나는 몸을 돌렸다. 충격을 받았기 때문이었다. 우리는 춤추는 젊은이들을 보았다. 그들은 와이셔츠 깃이 달린 해군복을 입었고, 머리 쪽에는 보풀거리는 술이 달린 작은 램프가 매달려 있었다. 복도에 매달려 있는 그런 램프였다. 죽은 자들의 가구 딸린 낙원. 여기에 천국이 꽃피었다. 화가의 수많은 정신적 친구들은 자신들의 영혼 속에 천국 한 귀퉁이를 갖고 있었다. 그것이 부당한 박해이건 아니면 그 어떤 것이건 상관없었다. 그들은 열광할 때면, 부드러운 푸른 하늘빛 속에서, 소위 말하는 하늘분홍색 속에서 열광했다. 그리고 그들은 정말 자부심을 갖고 그렇게 했다. 그리고 벽 한 면에는 예술가가 이탈리아에 있었을 때의 사진들이 걸려 있었다. 그가 몸에 걸친 거라고는 샌들이랑 호이호토호[30] 천뿐이었다. 그러니까 카프리에서처럼 배를 훤히 드러내고 있는 것이었다.

"거기서 굉장히 놀랐어!"

밖으로 나오자 공주가 말했다.

"그들 모두 다 저런 건 아니겠지……?"

"아냐, 그 장르에 대해 심하게 비판해서는 안 돼. 저 집은 1890년대 풍의 고루한 플러시 소파야. 절대 그들 모두가 저러지는 않아. 그 남자는 작은 요정이나 도깨비를 그려서 초콜릿 같이 달달한 그림들을 그릴 수도 있었을 텐데……. 하지만 바랐던 꿈이 그렇게 현실화된, 완벽한 박물관에 대해 한 번 생각해봐. 그건 분명 아름다울 거야!"

"하지만 그건 정말…… 빈약해!" 공주가 말했다. "그래, 각자 자기 치부가 있겠지! 그러니 우리 슈납스나 마시자!"

우리는 그렇게 했다.

도시와 거리들……. 왕실 소속인 커다란 동물원. 그 안을

---

30 호이호토호(Hoihotoho): 바그너의 오페라 〈니벨룽의 반지〉 중 3막에서 '발퀴레(Walküre)'들이 외치는 소리 "hojotoho"를 작가는 Hoihotoho로 표기했다. 발퀴레는 북구신화에 나오는 발키리아의 독일식 이름으로, 전쟁터에서 죽을 이와 살아남을 이를 결정하는 존재이다.

길들여진 야생 사슴들이 거닐면서 마음이 내키면 목을 긁게 내버려 두었다. 그리고 정말 높고 오래 된 나무들…….

출발.

"언어 문제를 어떻게 하지?"

헬싱외르[31]로 향하는 기차 안에 앉아 있을 때, 공주가 물었다.

"당신은 그곳에 가 본 적이 있잖아. 스웨덴 말 잘해?"

"난 이런 식으로 말해." 내가 말했다. "우선 독일어로 해. 그리고 그들이 내 말을 알아듣지 못하면, 영어로, 그리고 그것도 이해 못하면 저지 독일어로. 그리고 이 모든 게 다 통하지 않으면, 독일어 단어 끝에 as를 붙여. 그러면 그들은 이 말을 알아들어."

이것은 실수였다. 그녀는 이 말을 굉장히 마음에 들어 했다. 그래서 이것을 곧바로 그녀의 언어소장품에 포함시켰다.

"자, 이제 스웨덴에 왔어. 우리 스웨덴에서 무슨 일을 겪을까? 어떻게 생각해?"

"글쎄, 휴가 중에 뭘 경험할까……? 아마도 당신을."

"알아?" 공주가 말했다. "나는 여전히 절대적으로 휴가 중인 게 아냐. 이 객실 안, 당신 옆에 앉아 있는데 머릿속에서 뭔

---

31   헬싱외르(Helsingør): 덴마크 동부 셸란 섬 북동부 연안에 위치한 도시.

가 웅웅거리고 있어. 그리고……, 이런 젠장!"

"왜?"

"티햐우어한테 전화하는 걸 잊었어!"

"티햐우어가 누구야?"

"티햐우어는 NSW, 북독일 비누협회 회장이야. 보스인 노친네가 자기 여행 떠난 걸 그 사람한테 전화로 알려줘야 한다고 했어……. 그리고 화요일에는 회의가 있어……. 아, 주님, 우리를 굶주림과 궁핍과 폭풍과 사악한 잡일로부터 보호하소서. 아멘"

"그럼 이제 어떻게 할 거야?"

"헬싱외르에서 배로 옮겨 탈 때 전보를 칠거야. 젠장! 대디, 베를린이 여전히 따라다니네! 우리가 베를린에서 벗어나려면 적어도 14일은 걸릴 거야. 그리고 운 좋게 그걸 잊을 만하면, 다시 돌아와야 해. 아주 즐거운 직업이지 뭐야……."

"직업이라……. 난 그게 취미라고 생각했는데."

"당신은 작가잖아. 하지만 당신 말이 맞아. 내 기분을 돌려놔 봐. 의자에 올라가서 뭐라도 해봐. 노래 불러 봐. 내가 당신을 왜 데려왔게?"

침묵과 인내만이 그녀의 기분을 돌려놓을 수 있었다…….

"저기를 봐, 물 위에 닭들이 있어!"

"닭! 어떤 종류?"

"관상용 닭. 자연연구가 야콥[32]은 닭을 두 종류로 분류했어. 관상용 닭은 그냥 보기만 하는 것이고, 식용 닭은 먹을 수도 있는 거야. 저것들은 관상용 닭이야. 여기 자연 어때?"

"사실대로 말하자면 별 거 없어! 여기가 덴마크고 우리가 지금 스웨덴으로 가고 있단 사실을 모른다면……"

그녀가 제대로 짚었다. 지리학적 명칭만큼 사람을 그의 올바른 판단으로부터 멀어지게 하는 것은 없다. 오랫동안 마음 가득 동경을 품고, 수많은 상상의 연관들에 쌓여 있다가, 막상 그곳에 와 보면, 모든 것은 절반쯤만 아름다울 뿐이다. 하지만 누가 감히 그런 말을 할 용기가 있겠는가!

헬싱외르. 우리는 티햐우어에게 전보를 쳤다. 그리고 작은 페리를 탔다.

아래쪽 레스토랑에는 세 명의 오스트리아 인이 앉아 있었는데, 옛 귀족 출신이 분명했다. 그중 한 사람의 목소리는 정말 마음을 진정시키는 듯했다. 그는 마치 담배를 입에 문 채 숫자를 세는 사람처럼, 아주 특이하게 눈을 감았다. 그리고 나는 그가 중얼거리는 소리를 들었다.

"참 똑똑한 젊은이이이야(그는 이 단어를 아주 길게 끌었

---

32 스위스 의사이며 자연연구가인 요한 야콥 쇼이흐처(Johann Jakob Scheuchzer, 1672-1733)를 의미하는 것 같다.

다), 하지만 조금 평범해…….”

나는 이들과 같이 있기 싫었다.

우리는 위쪽, 배 난간에 서서 신선한 공기를 마시고 양쪽 해안을 바라보았다. 뒤에 남겨지는 덴마크의 해안과 우리에게로 다가오고 있는 스웨덴의 해안. 나는 공주의 옆에 서서 그녀를 쳐다보았다. 때로 그녀는 낯선 여인처럼 보였다. 그리고 이 낯선 여인에게 나는 늘 새롭게 빠져들곤 했고, 나는 늘 새롭게 그녀를 정복해야 했다. 한 남자에서부터 한 여자로의 거리는 얼마나 먼지! 그러나 마치 바다에 빠지듯, 한 여인에게 빠지는 것은 정말 멋지다. 생각하지 않고……. 많은 여성들이 안경을 꼈다. 그들은 원래 단어 의미에서의 ‘여성이기’를 잊었다. 그리고 여전히 빈약한 매력만을 갖고 있다. 악마여 그 빈약한 매력을 가져가라. 그렇다, 우리는 조금 많이 요구한다. 명민한 대화와 논리, 멋진 외모, 약간의 충실함, 그리고 여성에게 마치 비프스테이크처럼 턱뼈가 덜그럭거릴 정도로 먹혔으면 하는, 절대 억누를 수 없는 욕망을.

“스웨덴 돈 있어?”

공주가 꿈꾸듯 물었다. 그녀는 즐겨 세련된 2격을 선보이고, 결과 항상 ‘해결책들’을 알게 되어 자부심을 가졌다.[33]

---

33 이 부분에서 여주인공 뤼디아는 4격 목적어를 사용해야할 부분에서 2격을

"응, 스웨덴 크로네 있어." 내가 대답했다. "아주 예쁘게 생긴 돈이야. 그러니까 우리는 이 돈을 정말 조심조심 사용해야 돼."

"구두쇠 할아범." 공주가 말했다.

우리는 지난 6개월 동안 함께 마련한 공동 여행 자금을 갖고 있었다. 이제 스웨덴에 도착했다.

세관이 세관 검사를 했다. 스웨덴 사람들은 덴마크 사람들과는 다르게 독일어를 말한다. 덴마크 사람들은 s를 입김을 불 듯 발음한다. 그들이 발음하는 s는 깃털처럼 가볍다. 하지만 자음들은 입 앞에서 반 미터 정도 떨어져 있어 공기 중으로 사라져버린다. 마치 귀뚜라미가 찌르륵거리는 것 같다. 스웨덴 사람들이 말을 할 때는 소리가 훨씬 더 목 뒤쪽에 머무는 것 같다. 그들은 말을 하면서 정말 멋지게 노래를 한다. 나는 내가 아는 10개의 스웨덴어 단어를 갖고 엄청나게 우쭐댔다. 그런데 이 단어들을 사람들은 이해하지 못했다. 그들은 나를 좀 유별나게 기분 나쁜 외국인이라고 생각했을 게다. 간단한 아침 식사를 했다.

"고깃국이야." 공주가 말했다. "절반쯤 슬픔에 빠져 있는 맹물 같아 보이네."

사용한다. ~를 갖고 있다는 표현의 문법에는 맞지 않지만, 형용사 2격 변화는 정확하게 했다. 2격 명사 끝에 ~s가 붙고, "해결책들"의 '들'을 표현하는 ~s가 붙어, 독일어 말장난이나, 번역으로는 그 재미가 살아나지 않는다.

"맛도 그래."

그런 뒤 우리는 스톡홀름을 향해 떠났다.

그녀는 잤다.

잠자는 사람을 지켜보는 사람은 자는 사람보다 자신이 우월하다는 생각을 하게 된다. 그것은 옛 시대의 유물로, 아마 거기에는 그가 내게 해를 끼칠 수 없지만, 나는 그에게 해를 끼칠 수 있다는 생각이 잠재해 있을 것이다. 그런데 적어도 잠을 자는 이 여인한테는 어떤 멍청한 모습도 나타나지 않았다. 그녀는 입을 다물고 규칙적이고 조용히 숨을 쉬고 있었다. 그녀가 죽는다면 아마 이렇게 보일 것이다. 그때는 나무판자 위에 머리가 놓일 것이다. 나는 죽음을 생각할 때마다, 나무의 작은 섬유질이 보이는, 대패질이 되지 않은 거친 나무판자가 보인다. 그녀는 그 위에 누울 것이다. 밀랍처럼 누런빛을 띤 채. 우리 살아있는 다른 사람들에게는 경건하게 기도드리는 듯 보일 것이다. 언젠가 우리는 죽음에 대해 이야기를 나눈 적이 있었는데, 그때 그녀는 이렇게 말했다.

"우리 모두는 죽을 수밖에 없어. 당신이 먼저, 나는 나중에."

이 머릿속의 많은 부분은 남성이 자리 잡고 있다. 하지만 다행히 나머지는 완전히 여성이다.

그녀가 깨었다.

"어디야?"

"뤼데스하임 안 데어 뤼데."[34]

그러자 그녀는 내가 정말 그녀를 사랑하게 만드는 행동을 했다. 아주 특별한 상황, 심리적인 상황에서 자주 그런 짓을 했는데, 혀를 이 사이에 끼웠다가 아주 빨리 다시 끌어들이는 것이었다. 그녀는 아무렇게나 침을 뱉었다. 이 행동 때문에 그녀는 키스를 받았다. 이 여행 중에 우리는 늘 빈 칸에 앉아 있는 것 같았다. 그녀는 키스를 받고는 곧 최근에 배운 덴마크 욕을 했다.

"악마가 너를 새빨갛게 수놓아 버려라!"

그리고 우리는 노래를 부르기 시작했다.

코켄후젠에서

꾀꼬리 한마리가 노래하네

뒤나 해안가에서.[35]

그리고 달콤한 목소리의

그 꾀꼬리는

내 손에 작은 방울을 놓았다네.

---

3 4   뤼데스하임 안 데어 뤼데: '뤼데스하임 암 라인(Rüdesheim am Rhein)' 즉 라인 강가의 뤼데스하임이라는 도시 이름을 바꾸어, 뤼데 강가의 뤼데스하임으로 말장난을 했다.

3 5   코켄후젠(Kokenhusen): 라트비아에 있는 도시 코크네제(Koknese)의 독일식 이름. 뒤나(Düna, 라트비아어로는 Daugava)강가에 있다.

우리가 멋지게 노래를 부르고 있을 때, 바로 그때 그 큰 도시의 첫 번째 집들이 나타났다. 나지막이 삐걱거리는 소리, 기차가 낮은 다리 위를 덜커덩 거리며 지나더니 멈췄다. 내리세요! 가방들. 짐꾼들. 자동차 한 대. 호텔. 안녕. 스톡홀름.

5

"이제 뭐 하지?"

둘 다 씻고 난 뒤, 내가 물었다. 파란 하늘이 굴뚝 위에 걸려 있었다. 이것이 우리가 스톡홀름에서 제일 먼저 볼 수 있던 거였다.

"내 생각은 이래." 공주가 말했다. "우선 통역사를 한 명 구하는 거야. 당신이 스웨덴어를 너무 잘하기 때문이지, 너무나도 잘……. 그런데 당신이 쓰는 스웨덴어는 아마 옛날 말일 거야. 여기 있는 사람들은 너무 무식해. 그러니까 통역사를 한 명 구한 뒤에 그와 함께 시골로 가서, 아주 싼 오두막을 얻은 다음, 거기 조용히 앉아 있을 거야. 그런 다음 나는 다시는 1킬로미터도 여행하지 않을 거야."

우리는 스톡홀름 이곳저곳을 다녔다.

아름다운 시청과 예쁜 새 집들을 보았다. 물이 있는 도시

는 언제나 아름답다. 광장에는 비둘기들이 구구거렸다. 항구
에서 타르 냄새가 많이 나지는 않았다. 눈이 부시게 아름다운
젊은 여인들이 거리를 지나갔다……. 심지어 곱슬머리 금발
의 여인까지. 그리고 슈납스는 특정 시간에만 마실 수 있었다.
우리는 그 술을 마셨는데, 정말 매력이 있었다. 그 술은 깨끗
하고 순수하며, 취하지만 않으면 아무런 해도 없었다. 그리고
그 술을 다 마시고 나면, 웨이터는 마치 뭔가 부적절한 것을
특별히 봐주기라도 했다는 듯, 후다닥 잔을 치워버렸다. 바사
가탄 즉 바사 거리의 한 진열장에는 최근 베를린에서 베스트
셀러였던 책의 번역본이 놓여있었다.

  에, 그러니까 당신은 스톡홀름에 관해서 그밖에 다른 것은
보지 못했습니까? 뭐요? 국민성……. 뭐라고요? 아, 친애하는
친구들! 우리 도시들은 얼마나 획일화되어 버렸는가! 멜버른
으로 한 번 가 보게나. 자네들은 오랫동안 비즈니스맨과 회의
를 하고 논의를 해야 할 거야. 정말로 이들과 사귀고 싶으면
그 딸들과 결혼을 하거나, 그들과 사업을 한 번 해봐. 더 좋은
것은 그들과 함께 유산을 상속받는 거지. 자네들은 그들 내면
에 있는 것에 대해 캐물어야만 해……. 절대 첫눈에 그걸 알아
낼 수는 없을 거야. 자네들은 무엇을 보게 될까? 사방에서 전
차들이 딸랑딸랑 종을 울리고, 경관들은 흰 장갑을 낀 손을 들
어올리고, 이곳저곳에 면도용 비누와 여성용 양말을 선전하

는 화려한 플래카드가 눈에 띄게 붙어있지……. 세계는 미국식 소맷부리가 달린 서양식 유니폼을 입고 있어. 우리는 그것을 더 이상 볼 수 없어, 세계라는 것을 말이야. 우리는 세상과 함께 살든지, 세상에 반대해야만 해.

통역사! 공주는 해결책을 알고 있었다. 그래서 우리는 어떤 여행협회 사무실로 갔다. 그래, 통역사가 있다고 했다. 어쩌면. 물론. 네 있습니다.

스웨덴에서는 일이 느리게 진행된다. 아주 느리게. 이곳에는 두 가지 유형의 스웨덴 사람이 있다. 마음에 드는 스웨덴 사람, 친절하고 조용한 남자. 그리고 마음에 들지 않는 스웨덴 사람, 아주 당당한 신사. 이런 남자의 고집통을 꺾으려고 작은 망치로 그의 머리를 두드릴 수는 있다. 그런데 그는 그것을 전혀 느끼지 못한다. 우리는 마음에 드는 유형을 만났다. 여행사 무실에는 통역사가 있다고 했다. 내일 아침에 호텔로 통역사를 보내주겠다고 했다. 그래서 우리는 밥을 먹으러 갔다.

공주는 음식에 대해 아는 게 많았다. 이곳의 음식은 차가운 전체식인 스뫼르고스보르드[36]만 본다면, 그런대로 먹을 만하다고 했다. 탁월했다. 스웨덴의 따뜻한 음식은 전체적으

---

36 스뫼르고스보르드(Smörgåsbord): 차고 더운 다양한 음식이 차려진 뷔페식 식사.

로 평범했다. 그들은 레드 와인에 대해서는 아는 게 없었다. 그건 정말 유감이었다. 공주는 레드 와인은 잘 마시지 않았다. 대신 그녀는 내가 만난 여자 중 유일하게 위스키를 좋아했다. 여자들은 대개 위스키가 치과의사 맛이 난다고 한다. 하지만 좋은 위스키는 연기 맛이 난다.

다음날 아침 통역사가 왔다.

뚱뚱한 남자가 나타났다, 산처럼 큰 남자, 이름은 뱅트손이라고 했다. 그는 스페인어를 할 수 있었고, 영어는 아주 잘 했고, 독일어도 그랬다. 다시 말하자면, 나는 그의 말을 한 번…… 두 번 들었는데……, 그는 이 독일어를 에메리카(Emerrika)에서 배운 게 분명했다. 그의 독일어는 정말 아름답고 다채롭고 정말 우스운 미국식 억양이 들어있기 때문이었다. 마치 서커스의 어릿광대처럼 독일어를 했다. 하지만 베를린 사람들이 '적격이야'라고 하는 바로 그런 사람이었다. 그는 우리가 원하는 것을 곧바로 이해해서, 지도와 기차시간표, 안내서를 열심히 보았다. 우리는 오후에 거기서부터 천천히 움직였다.

달라르나[37]로 가서, 스톡홀름 교외로 나갔다. 기차가 연결되기를 기다렸고, 아주 멀리 떨어진 마을로 이어지는 먼지투

---

37 달라르나(Dalarna): 스웨덴 중부 스베알란드 지방에 있는 지역.

성이 시골길을 덜커덩거리며 갔다. 기분 나쁜 가문비나무와 달갑지 않은 소나무, 오래된 멋진 활엽수를 보았고, 하얀 솜구름이 뭉게뭉게 파란 여름 하늘 가득히 있는 것을 보았다. 하지만 우리가 찾는 것은 보지 못했다. 근데 우리가 무엇을 원했지? 우리는 아주 조용하고, 아주 작은 집을 원했다. 외딴 곳에 있으며 안락하고 평화롭고 작은 정원이 딸려 있는……, 그런 아름다운 것을 생각했다. 어쩌면 그런 것은 아예 존재하지 않는 것이었을까?

그 뚱뚱한 사람은 지칠 줄 몰랐다. 여기저기 찾으며 돌아다니는 동안 우리는 그의 직업에 대해 더 자세히 물어보았다. 그렇다, 그는 관광객에게 스웨덴 전역을 안내했다. 관광객들에게 알려주는 모든 것을 그가 정말 다 알고 있을까. 그건 알 수 없었다. 그는 오랫동안 미국에 살았고, 미국인들을 잘 알고 있었다. 숫자들! 그는 그들에게 무엇보다도 숫자들을 열거했다. 연도, 크기, 가격 그리고 숫자, 숫자, 숫자……. 그 숫자들은 틀릴 수도 있었다. 우리와 함께 있으면서 그의 독일어가 점점 더 유창해졌다. 하지만 여전히 미국식 독일어였다. 예를 들면 14일 전을 말할 때, 영어 "Fourteen days ago"에다 독일어 단어만 집어넣은 뒤 스웨덴 식으로 발음해서 "피르첸 타게 체릭"[38]

---

38 virrzehn Tage zerrick: vierzehn Tage zurück를 스웨덴 식으로 발음했고,

이라고 말했다. 모든 말이 다 그런 식이었다. 우리가 또 성과 없는 조사를 마친 뒤 돌아와 저녁을 먹고 있을 때, 그가 말했다.

"3주 전, 3주 전인데, 그때 어떤 미국인 가족이 스톡홀름에 있었습니다. 나는 그들한테 이렇게 말했어요. 에메리카에 한번 가보면 다른 모든 세상이 에메리카의 식민지 같다는 생각이 듭니다, 라고요. 그래요, 그 다음부터 그 사람들은 나를 **아주** 좋아했어요. 프로스트(건배)!"

프로스트? 우리는 스웨덴에 있었다. 그 사람은 건배를 뜻하는 독일어 '프로스트' 대신 스웨덴어 '스쿌!'이라고 말해야 했다. 그리고 '스쿌', 그것의 원뜻은 '잔'이다. 공주는 우리 스웨덴 사람들을 이해하지 못하는 가엾은 외국인이기 때문에, 나는 "당신을 위해 술잔을!"이라고 외쳤다. 우리 셋 모두 그것을 이해했다. 그 뚱뚱한 남자는 슈납스 작은 잔 하나를 더 주문했다. 꿈꾸듯 그는 잔을 들여다보았다.

"예테보리에 어떤 남자가 살고 있어요. 그는 커다란 지하실을 갖고 있는데, 그 안에 모든 게 다 있어요. 위스키, 브랜디, 코냑, 레드 와인, 화이트 와인, 샴페인. 하지만 그는 그걸 마시

독일어 문법에 맞지 않는 영어식 독일어이다. '14일 전에'를 독일어로 하면 'vor vierzehn Tagen'이라고 해야 한다.

지는 않아요. 전부 다 보관해요! 정말 대단하죠!"

이렇게 말하고는 그는 잔을 들이켰다.

이제 시간은 하루하루 흘러갔다. 우리는 상대방의 끝없는 대화에 귀를 기울였고, 사람들이 말했듯이, 인간 삶의 모든 상황에서 스웨덴 사람들이 항상 하는 말을 수도 없이 들었다. 즉 '야소…….'와 '네도', 그리고 할 말이 없을 때 뭐라고 말하는지를 듣게 된 것이다. 그 뚱뚱한 사람은 아주 아름답고 무성한 숲을 지나, 여러 아름다운 장소로 우리를 안내했다.

"여기 아름다운 나뭇잎 등이 있어요!" 그는 말했다.

나뭇잎들이라고 해야 할 것을 그런 식으로 말한 것이었다. 이제 공주가 가볍게 투덜대기 시작했다.

"저 사람은 신나게 비웃고 있어." 그녀가 말했다. "친애하는 대디! 우리는 록펠러가 아냐! 제발 열심히 장소를 찾아봐. 어째서, 왜 그런지 좀 알게!"

그래서 어쩌자고? 뚱뚱한 남자는 생각에 잠긴 채, 하지만 아주 만족한 상태로 우리 앞쪽으로 걸어가고 있었다. 그 남자는 지팡이로 포석을 두드리면서 걸어가며 열심히 생각했다. 그가 생각하고 있다는 걸 그의 넓은 어깨에서 알 수 있었다. 그가 웅얼댔다. 뭔가를 알아냈기 때문이었다.

"마리에프레드로 갑시다." 그가 말했다. "거긴 작은 동네이기는 한데……, 그거야 뭐, 올 라잇! 내일 갑시다."

공주는 재해를 예고하는 듯이 나를 쳐다보았다.

"우리가 그곳에서 아무것도 발견하지 못하면 말이야, 대디, 당신을 어린이 집에 보내버리고 나는 차를 타고 내 사장이 있는 아바치아로 갈 거야. 정신 차려!"

다음날 우리는 뭔가를 보았다.

마리에프레드는 멜라렌 호수[39] 근처에 있는 아주 작은 도시였다. 나무, 초원, 들판, 숲이 있는 풍경은 정말 조용하고 평화로웠다. 만일 이곳에 아주 오래된 스웨덴 성 중의 하나가 없었다면, 아무도 이 장소에 주의를 기울이지 않았을 것이다. 그 성은 그립스홀름 성[40]이었다.

햇빛 찬란한 맑은 날이었다. 붉은 벽돌로 지은 성이 햇살에 빛나며 그곳에 서 있었다. 성의 둥근 지붕이 푸른 하늘을 찌를 듯 빛났다. 이 건물은 크고 위엄 있고 의젓한 요새였다. 뱅트손은 안내인을 불러냈다, 안내인은 그 자신이었다. 그리고 우리는 성안으로 들어갔다.

안에는 멋진 그림이 많이 걸려 있었다. 그림들은 내게 아

---

39 멜라렌 호수(Mälaren): 스웨덴에서 3번째로 큰 호수.

40 그립스홀름 성(Gripsholms Slottet): Gustav Vasa성으로도 잘 알려져 있으며 1537년 구스타브 바사에 의해 건축됨. 1822년부터 유명인의 초상화를 전시하기 시작하였으며 1500년대부터 현재에 이르기까지 초상화 회화 기법의 변화를 감상하는 적소.

무 말도 하지 않았다. 나는 볼 수는 없다. 사람들 중에는 보는 사람이 있고, 듣는 사람이 있다. 나는 들을 수만 있다. 대화 중 음성의 1/8 진동은 4년이 지난 뒤에도 안다. 그림? 그것은 그냥 알록달록한 어떤 것이다. 나는 이 성의 양식에 대해 아무것도 모른다. 내가 아는 것은, 만일 내가 집을 한 채 짓는다면, 그냥 어떤 집을 한 채 지을 뿐이라는 사실이다.

뱅트손 씨가 이 성에 대해 설명해주었다. 아마 미국인들에게도 그렇게 했을 것이다. 그에게서 활기가 노래처럼 흘러나왔다. 그는 모든 연도를 말하고는 이렇게 덧붙였다.

"하지만 저도 그렇게 자세히 알지 못합니다."

그래서 우리는 여행 안내서를 확인했다. 그게 다였다. 다 틀렸다. 그런데 우리는 정말 즐거웠다. 지하실이 하나 있었는데, 그 안에다 변비 앓는 구스타프가 면도 안 한 아돌프를 오랫동안 가두었다. 그리고 성에는 두터운 담장이 있었다. 그리고 죄수를 가두는 둥근 감옥이 있었고, 성의 끔찍한 구덩이 혹은 일종의 우물이 있었다……. 인간은 언제나 인간에게 고통을 주었다. 오늘날에는 이런 상황이 그저 달리 보일 뿐. 그런데 이 성에서 가장 아름다운 것은 극장이었다. 옛사람들은 성에 극장을 갖고 있었다. 이 극장 덕에 포위되어 있는 동안 지루하지는 않았을 게다. 나는 관람석 의자 중 하나에 앉아서 전원희극을 상상했다. 사랑받고, 칼에 찔리고, 애타게 그리워하고, 우아하게 술을 마시는 그런 전원 희극을. 그리고 이제 공주는 아주 신이 났다.

"지금 아니면 절대 기회가 없어!" 그녀가 말했다. "벵트손 씨, 바로 이곳이에요!"

모든 친절한 남자들처럼 그 뚱뚱한 남자도 여성한테 겁을 냈다. 소나기를 만난 방랑자가 우산 아래 등을 구부리듯, 그는 자신의 정신을 굽혔고, 엄청나게 긴장했고, 열심히 일을 했다. 오랫동안 전화를 하더니 사라졌다.

점심 식사 뒤에 그가 기분 좋게 돌아왔다. 그의 지방이 기쁨에 겨워 출렁댔다. "같이 가시죠!" 그가 말했다.

성에는 별채가 있었다. 질문을 받았더라면 그 뚱뚱한 남자는 분명 이렇게 말했을 것이다. '21세기의……, 좀 더 새로운 건물로, 길게 뻗어 있고, 바로 건물 전면에 있는 예쁜 건물입니다.'라고. 우리는 안으로 들어갔다. 안에서 아주 친절한 노부인이 우리를 맞아주었다. 여기 별채에서 방 두 개에, 조금 더 작은 방 하나를 세 얻을 수 있다는 것을 알았다. 여기 이 성 안에서요? 나는 의심하듯 벵트손 씨를 처다보았다. 여기 이 성안에서요. 게다가 그 노부인은 우리에게 요리도 해주겠다고 했다. 그런데 이곳에 와서 그림과 고문실을 보려는 수많은 여행객들이 우리를 방해하지는 않을까? 그들은 일요일에만 온다. 이쪽으로는 아예 오지 않고 저쪽만 빙 돌아다닌다고 했다…….

우리는 방들을 구경했다. 크고 멋졌다. 성의 오래된 가구들이 그 안에 장중하고 안락한 양식으로 놓여있었다. 제대로 볼 줄 모르는 내 눈 덕에, 나는 세세한 것은 보지 못했다. 그러나 내 속에서 이렇게 말하는 목소리가 들렸다. 좋아.

한쪽 창문으로는 호수를, 다른 창문으로는 조용하고 작은 공원을 볼 수 있었다. 여성 특유의 이성을 갖고 있는 공주는 그사이 어디서 몸을 씻을 수 있는지, 화장실은 어떤지 살펴보더니……, 만족해서 돌아왔다. 방세는 놀랄 만큼 저렴했다.

"왜 그렇죠?"

내가 뚱땡이에게 물어보았다. 우리는 행운 앞에서도 그렇게 불신을 한다. 성의 노부인이 그를 알기 때문에 그에 대한 친절로 그런다고 했다. 또한 오래 체류하려는 사람은 여기에 거의 안 온다고 했다. 마리에프레드는 짧은 소풍 장소로 유명했다. 그런 표현이 붙을 경우 그 장소에서 어떤 일이 일어나는지 사람들은 잘 안다. 그래서 우리는 방들을 빌렸다.

방들을 빌린 후에, 나는 내 인생에서 황금 같은 말을 했다.

"우리 어쩌면……."

그러자 공주가 내 뺨을 두드리며 말했다.

"늙은 트집쟁이!"

그러고 나서 우리는 큰 잔에 브랜드를 마시며 방을 얻은 것을 축하했다. 우리 셋 모두. "성에 사는 저 부인을 잘 아세요? 우리한테도 친절할까요?" 내가 뱅트손 씨에게 물었다.

"알다시피", 그가 생각에 잠겨 말했다. "모두가 원숭이를 알고 있지만, 원숭이는 아무도 모릅니다." 우리도 이 말을 이해했다. 그런 뒤 뚱땡이가 작별 인사를 했다. 가방들이 왔고, 우리는 짐을 풀었고, 가구들을 오랫동안 이리저리 움직였다. 결국 모든 게 다시 처음과 똑같이 제자리로 갈 때까지……. 공주는 시험 삼아 목욕을 했다. 그리고 나는 그녀가 벌거벗은 채 방을 가로질러가는 모습을 보고 좋아할 수밖에 없었다. 정말 공주 같았다. 아니, 전혀 공주 같지 않았다. 그녀는 자기 몸매가 예쁘다는 것을 아는 여인처럼 걸었다.

"뤼디아." 내가 말했다. "언젠가 파리에 어떤 네덜란드 여인이 있었는데, 그녀는 허벅지 한쪽에 문신을 했어, 그녀가 가장 입맞춤을 받고 싶은 곳에. 물어봐도 될지……."

그녀가 대답했다. 그리고 이제 6절이 시작된다.

6
우리는 풀밭에 누워, 영혼과 함께 이리저리 흔들렸다.

하늘은 하얀 구름으로 얼룩져 있었다. 햇볕에 잘 그을리고 나면, 구름이 오고, 미풍이 그 뒤를 따라오고, 그러고 나면 약간 서늘해진다. 개 한 마리가 풀밭 위로 느릿느릿 걸어와서 뒤쪽으로 사라졌다.

"무슨 종이지?" 내가 물었다.

"불다켈[41]." 공주가 말했다.

그런 뒤 우리는 다시 바람이 우리 위를 스쳐지나가게 내버려두고 아무 말도 하지 않았다. 누군가와 함께 침묵할 수 있다는 것은 멋진 일이다.

"제기랄" 그녀가 갑자기 말했다. "참 끔찍해……. 나는 아직도 여기에 진짜로 있지 않아. 베를린에 있는 빌어먹을 내일. 내 머릿속에는 여전히 일이 돌아가고 있어. 삑-삑……, 그 노인네랑 모든 기구들……."

"그 노인네는 지금 어때?" 내가 느릿하게 물었다.

"음……, 늘 그렇듯이……, 뚱뚱하고, 호기심 많고, 비겁하고, 남 안 되는 걸 보면 좋아하고. 하지만 그 외에는 아주 친절한 사람이야. 뚱뚱한 것, 그건 참을 만 해. 나는 뚱뚱한 남자들을 아주 좋아하거든."

내가 움직였다.

"아무것도 상상할 필요 없어……. 당신은 충분히 뚱뚱하지

---

41 불독과 닥켈(닥스훈트)의 잡종.

않아!"

"당신은 뤼디아라는 이름 때문에, 당신이 뭔가 더 나은 존재라고 생각하고 있어! 내가 한마디 하겠는데……."

아까 했던 이야기로 다시 되돌아간 뒤, 뤼디아가 말했다.

"그래 좋아, 뚱보. 하지만 그의 호기심……. 그는 내가 매일 자기에게 업계의 소문들을 얘기해주길 바랐는지도 몰라. 그는 정신적 관음증 환자야. 사실은 대부분의 일에 전혀 참견하지 않아. 하지만 다른 사람들이 무엇을 하는지, 그들이 그것을 어떻게 하는지, 그리고 무엇보다도 그들이 돈을 얼마나 버는지는 다 알고 싶어 해. 그리고 무엇으로 먹고 사는지……. 뭐라고? 그가 어떻게 돈을 버냐고? 그 사람은 무자비한 뻔뻔함으로 돈을 벌어. 대디, 우리는 그건 절대 못 배울 거야! 나는 벌써 4년 동안이나 그걸 지켜봤어. 예를 들어 총영사 씨께서 반드시 돈을 갚아야 할 경우, 그가 어떻게 그걸 지불하지 않는지……. 우리는 절대 그렇게 못 해. 그러니까 우리가 큰돈을 벌지 못하는 것이지. 그건 꼭 한 번 봐야 돼! 누가 그걸 보건 상관도 안 하지만. 이 쇠로된 이마, 그는 이 이마로 서명한 계약들을 비틀어버리고, 부인하고, 부인한 사실을 갑자기 더 이상 기억하지 못하기도 해……. 아니, 대디, 당신은 그거 못 배워. 당신은 늘 그걸 배우려고 하지! 하지만 못 배워!"

"사람들이 그걸 내버려 둬?"

"어쩌겠어? 그가 말하지. 그게 마음에 들지 않으면 고소하세요! 하지만 그러신다면 전 당신과 더 이상 아무 관계도 맺지 않겠습니다! 그리고 나서는 말한 대로 정말 철저히 실행해. 사람들은 이걸 잘 알고 있어. 결국 그들이 포기하지. 최근에 우리는 사무실 전체를 수리 맡겼어. 그때 그가 수공업자들을 어떻게 다뤘는지! 그래, 이런 식으로 해서 누구는 아바치아로 가고, 수공업자는 맨손으로 알렉산더플라츠[42]로 가지. 인생에서는 모든 게 그렇게 균형을 이루는 거야."

"그런데 그 사람은 왜 남이 못 되는 걸 보고 좋아해?"

"아마 유전적 결함이겠지. 남이 못 되는 걸 보고 좋아하는 이 심성은, 분명 몇 세대가 공동 작업을 했을 거야. 혼자서는 그걸 할 수가 없어. 내 생각에, 만일 그의 베스트 프렌드가 그의 마음에 드는 일을 하려고 한다면, 그는 사장 생일날 자기 다리를 분질러야 할 거야. 그런 건 아직 본 적은 없어. 사장은 지금 다른 사람의 불행에 대해 기뻐할 그런 상황을 찾고 있어……. 아마도 자기 생각을 증명하기 위해서일 거야. 그는 뻔뻔해지면, 자기가 아주 생각이 깊다고 믿거든. 그럴지도 몰라. 그는 정말 태도가 불안정해……."

---

42 알렉산더플라츠(Alexanderplatz): 독일 베를린 미테 지역에 위치한 광장. 교통의 요충지로 근처에 베를린 성당과 붉은 시청이 있으며, 슈프레 강이 흐르고 있다.

"그건 거의 모든 사람이 그래. 불안정한 태도를 통해서 얼마나 많은 뻔뻔함이 밝혀지는지, 아직도 그게 이상하다는 생각 안 들어?"

"그래……. 베를린은 안락한 도시야! 그런데 내가 뭘 해야 해? 사람들은 말하지. 당신 같은 여자는! …… 그런 말을 들으면! …… 어떤 못난이랑 결혼을……. 당신 웃고 있어. 대디, 나는 이런 위인들이랑은 살 수가 없어. 그래, 돈. 침대차나 큰 자동차가 문제가 아냐. 가장 나쁜 것은 그들이 이야기를 한다는 거야! 그리고 그들이 감정을 주체하지 못하기 시작하면……. 가자, 추워진다."

시계를 보니 슬슬 저녁이 되어가고 있었다. 그렇지만 여기는 아직 모두 다 밝았다. 백야였다. 그립스홀름은 아주 북쪽에 있지는 않지만, 이곳도 몇 시간 동안만 어두웠다. 절대 완전히 캄캄해지지는 않았다. 우리는 풀밭 위로 가면서 풀들을 관찰했다.

"저녁 먹자!"

공주가 스웨덴 식 발음을 섞어 말했다.

우리는 먹었다. 나는 아주 경건하게 식사에 물을 곁들였다. 낯선 나라에 가면, 우선 낯선 물을 마셔봐야만 한다. 물은 낯선 곳의 순수한 맛을 선사한다. 우리는 거기 앉아서 담배를 피웠다. 자, 그리고 이제야 휴가가 시작되었다, 진짜 휴가가.

침실의 커튼들은 꼭 아물렸고, 겹쳐서 바늘로 고정됐다. 남자들은 아주 캄캄한 곳에서만 잠을 잘 수 있다. 공주는 이것을 남성적 취향의 특징이라고 여겼다. 나는 신문을 읽었다.

"그렇게 예의 없이 신문을 바스락거리지 마!" 그녀가 말했다.

이 날 밤 공주는 돌아눕더니 바위처럼 깊은 잠에 빠졌다. 그녀는 거의 숨을 쉬지 않았다. 나는 그녀의 숨소리를 못 들었다. 나는 신문을 읽었다.

그런데 밤중에 무시무시한 꿈 때문에 화들짝 깨어서 공주에게 달라붙었던 것 같다……. 얼마나 바보 같은지!

"나를 구해주려고?"

그녀가 웃으면서 물었다. 그런 일이 두세 번 있었다. 종종 나는 그걸 전혀 알아차리지 못한다.

"당신, 지난밤에도 나를 또 구했어……."

그녀가 다음 날 아침 말했다. 하지만 이제 휴가였다. 나는 오늘밤에는 정말로 그녀를 구하지 않을 것이다. 나는 자고 있는 그녀 위에 손을 올려놓았다. 그녀가 가볍게 한숨을 쉬고 몸을 뒤척였다. 바짝 붙어 있는 것은 좋다. 피부가 얼지 않는다. 모든 것이 조용하고 좋다. 심장이 조용히 뛴다. 잘 자, 공주.

2장

나는 최선을 다했어, 젊은이가 말했다—
그러자 그들은 막대기가 두 쪽이 나도록
젊은이의 등짝을 후려 갈겼다.

1

그 애는 창가에 서서 생각했다, 대체 이게 언제 끝날까? 이건 절대 끝나지 않을 거야. 이게 언제 끝날까?

그 애는 창틀에 양팔을 괴고 있었다. 이렇게 하는 건 안 되었다. 그러나 잠깐은, 아주 짧고 몰래하는 순간만은, 그 애는 혼자니까. 곧 다른 사람들이 올 거다. 그건 지금 문 쪽을 향하고 있는 등으로 느낄 수 있다. 등이 그것을 기다리며 근질댔다. 다른 사람들이 오면, 모든 것이 끝이다. 그러고 나면 그 여자가 오기 때문이다.

어린 소녀는 몸을 털었다. 개가 물을 털어 낼 때 하는 빠르고 조용한 몸짓 같았다. 아이는 자신을 짓누르고 있는 것에 대해 미리 생각할 필요가 없었다. 그 애는 자신의 작은 괴로움

한가운데 앉아 있었다, 마치 하나의 연꽃잎 위에 앉아 있듯이, 다른 연꽃잎들 사이에. 그리고 모든 둥근 잎들은 그 애를 쳐다보았다. 아이는 한가운데 있었다. 그리고 아이는 이 모든 것을 알고 있었다, 자신의 괴로움의 잎들을.

아이의 별명은 '그 애'였다. 다른 아이들, 스웨덴에 있는 이 아동보육원, 죽은 남동생 빌. 그리고 풍만한 몸매의 공포가 벌겋게 달아오른 채 부글거리며 위로 올라오고 있다. 아드리아니 부인이다, 붉은 머리카락의 아드리아니 부인. 그리고 이런 배후에는 가장 슬픈 게 있다. 그것은 취리히에 있는 엄마다. 이건 너무했다. 여자 아이는 아홉 살이었다. 아홉 살에게는 너무 가혹했다. 이제 아이는 아이가 울 수 있는 가장 고통스러운 울음을 터트렸다. 그것은 속으로 우는, 아무에게도 들리지 않는 울음이었다.

총총 걸음 소리. 덜걱거리는 소리. 문이 닫히고 열리는 소리. 말소리는 들리지 않았다. 말없는 무리들이 다가오고 있었다. 그러니까 그 여자도 거기에 있는 것이다. 세상에나.

문이 장엄하게 열렸다, 마치 저절로 열리는 것 같았다. 문지방에 원장이, 그 '악당'이, 그 아드리아니가 서 있었다. 그녀의 별명은 그녀가 자주 쓰는 욕설 때문에 붙은 것이었다.

그녀는 키가 아주 크지는 않았다. 다부지고 땅딸막한 사람으로, 빨강 머리, 회청색 눈에 눈썹은 거의 보이지 않았다. 말이 아주 빨랐고, 사람을 쳐다보는 어떤 방식이 있었다. 누구에게도 이롭지 않은 방식⋯⋯.

"여기서 뭐하니?"

아이는 몸을 웅크렸다.

"여기서 뭐하냐고?"

이렇게 말하면서 그녀는 아이한테 다가가 머리를 때렸다. 제대로 된 싸대기는 아니었다. 그건 거기가 머리라는 것을 상관하지 않는 매질이었다. 그저 거기 있는 대상에게 멋대로 행해지는 매질일 뿐이었다. 그것이 우연히 머리였을 뿐이었다.

"제가⋯⋯ 저⋯⋯ 저는⋯⋯."

"넌 악당이야." 아드리아니가 말했다. "다른 아이들이 아래에서 운동하는 동안, 넌 여기 위에서 웅크리고 있는 거냐! 오늘 저녁 식사는 없다. 아이들에게로 가!"

아이는 다른 아이들 무리로 들어갔다. 아이들은 그 애에게 거만하게, 일종의 경멸감을 보이며 자리를 내주었다.

여기는 아동 집단 수용소, 장소는 래게스타[43]였다. 이곳에는 독일 아이들이 대부분이었고, 스웨덴과 덴마크 아이들도 약간 있었다. 아드리아니 부인은 멜라렌 호숫가에 있는 자신의 소유지를 이런 방식으로 아주 잘 사용하고 있었다. 여자 조

---

43   래게스타(Läggesta): 스웨덴 멜라렌 호수 근처의 장소.

카 두 명이 그녀의 일을 도왔다. 한 명은 부인의 복사판으로, 마찬가지로 미움과 공포의 대상이었다. 다른 사람은 온순했지만, 의기소침했고 겁이 많았다. 그녀는 가능하면 중재하려고 노력했다. 하지만 거의 성공하지 못했다. 아드리아니가 생리하는 날이면, 두 조카는 눈에 띄지 않았다. 아드리아니에게는 40명의 아이들이 있었다. 그녀가 낳은 아이는 없었다. 40명의 아이들은 힘든 시간을 보냈다. 그 여자는 아이들에게 애를 많이 썼다. 그러나 그들에게 엄했고 그들을 때렸다. 그녀가 때리는 걸 좋아했었나……? 그녀는 권력을 좋아했다. 기간이 되기 전에 보육원을 나가는 모든 아이들은 그녀한테는 배반자였다. 무엇을 배반했는지 그녀는 말할 수는 없었을 것이다. 아이가 새로 들어온다는 건, 그녀가 지배할 수 있는 자원이 늘어나는 것을 의미했다. 비록 많은 아이들이 불평했고, 이탈하기는 했지만 말이다. 그녀가 데리고 있는 아이들 중에는 고아가 많았고 항상 여자애들이 새로 들어왔다.

명령하기……. 이것은 일반적으로 쉽게 할 수 있는 것은 아니었다. 왜냐하면 스웨덴 사람들이 복종할 때는, 진정으로 원해서 정중하게 몸을 숙이기 때문이다. 그들은 여기 이곳에서 꼭 필요하고 쓸모가 있다거나 명예롭다고 생각될 때만 복종한다……. 그렇지 않다면, 이 나라에서 지배하고자 하는 사람은 그 기회를 얻기 힘들다. 사람들은 그를 전혀 이해하지 못

할 것이다. 그리고 그를 비웃고는 제 갈 길을 가버릴 것이다.

아드리아니 부인은 자주 직원들을 바꾸었고, 가끔 여행을 가는 독일에서 거듭 직원을 데려왔다. 겨울에는 이곳 위층에서 거의 혼자 앉아 있었다. 아주 적은 수의 아이들만 거기 남아 있었다. 예를 들면 아다와 같은 아이만. 그녀의 남편은……. 아드리아니 부인이 자기 남편을 생각할 때면, 마치 파리를 잡을 때와 같은 심정이었다. 그 남자는……. 그녀는 어깨를 으쓱하는 것조차 하지 않았다. 그는 자기 방에 앉아서 우표를 정리했다. 그녀가 돈을 벌었다. 그녀가. 그리고 그녀는 겨울 내내 여름을 기다렸다. 여름은 그녀의 시간이었기 때문이었다. 여름에는 시골집의 긴 복도가 울리도록 소리칠 수 있고 명령하고 금지하고 지시할 수 있었다. 주변에 있는 모두가 서로서로 그녀의 기분에 대해 물어보고 무서워서 몸을 떨었다. 그녀는 이들의 공포를 철저히 즐겼다. 타인의 의지를 꺾는 기분, 그것은 마치……. 그게 삶이었다.

"식사 종이 울릴 때까지 이제 전부 여기 위층에 있어. 말하는 사람은 식사 취소. 쏘냐! 네 머리띠!"

여자애 한 명이 얼굴이 새빨개진 채 풀어진 머리띠를 머리카락에서 빼내어 다시 묶었다. 아주 조용했다. 40명의 어린 소녀들의 숨소리가 들릴 정도였다. 아드리아니 부인은 회청색 눈으로 냉정하게 바라보며 이 상황을 즐기더니 밖으로 나갔다. 그녀 뒤에서 두 가지 소리가 속삭였다. 하나는 아주 낮게 말하고 싶어 하는 아이들이었고, 속삭이는 아이들을 "쉿!" 하며 멈추게 하려는 아이들이었다. 그 애는 혼자 서 있었다. 작은 소녀들이 아주 잔인할 때도 있다. 오늘, 그 애 말고는 아무도 벌을 받지 않았다. 대다수의 아이들은 그 애를 무시하기로 암묵적으로 결정했다. 그 애의 이름은 '그 애'였다. 언젠가 아드리아니 부인이 "넌 뭐지?"라고 물었더니, 그 애가 "난 아이예요."라고 대답했기 때문이다. 지금은 아무도 그 애에게 관심을 두지 않았다.

이게 언제 끝날까? 그 애가 생각했다. 이건 절대 끝나지 않을 것이다. 그러자 눈물이 흘러내렸고, 이제 아이는 울었다. 울음이 나기 때문이었다.

2

창문 앞에서 나무들이 바스락거렸다. 나무들이 나를 꿈에서 깨웠다. 깨어나는 순간 어떤 꿈이었는지 설명할 수가 없었다. 나는 베개 속으로 파고들었다. 베개들은 여전히 꿈에 젖어 무거웠다. 잊어버렸다……. 내가 왜 잠에서 깼지?

누군가 문을 두드렸다.

"우편물이야! 대디, 우편물! 나가 봐!"

조금 전까지만 해도 자고 있던 공주가 깨어났다. 비몽사몽하는 중간 단계 없이.

나는 갔다. 침대와 문 사이에서 생각했다, 남녀 간의 아침의 순간, 충분히 사랑하고 난 그 순간은 어떨까 하고. 아주 결정적인 순간이다. 그 순간들이 잘 풀리면, 모든 게 다 좋다. 잠이 덜 깬 목소리로 "몇 시야……?"라고 묻는 것에서부터 "아 – 자, 일어나자!"까지……. 그때 침대 옆 탁자 위의 시계는 많은 시간을 쪼아 먹는다. 날이 밝았다. 밤이 이제 잔다. 땅 밑 반구가 잔다……. 적어도 대부분의 여인들에게는, 유감스럽게도……. 나는 문 앞에 서 있었다. 손 하나가 문틈으로 편지들을 밀어 넣었다.

공주는 침대에서 몸을 반쯤 일으키더니 흥분해서 베개들을 전부 여기저기로 던졌다.

"내 편지야! 그건 내 편지야! 이 도둑아! 이리 줘! 안 그러면, 금방……."

그녀는 편지를 받았다. 하나는 그녀 대신 일하는 사무실 여직원에게서 온 것인데, 쓸 거리가 없다는 말이 적혀 있었다. 티햐우어 일은 잘 되었다고 했다. 그들은 재고 장부에서 이제 G에 도달해 있다고 했다. 그 말을 듣고 나니 나는 정말 마음이 편해졌다. 도대체 이 사람들은 무슨 걱정을 한 건지! 그들이 무슨 걱정을 한 거냐고? 그들만의 걱정을, 이상하게도.

"가서 물이나 덥혀!"

공주가 말했다.

"당신 면도 좀 해야겠어. 그렇게, 지금 그 상태로는 아무한테도 키스 못해. 무슨 편지야?"

나는 히죽히죽 웃으면서 편지를 등 뒤로 감추었다. 공주는 화가 나서 베개랑 싸웠다.

"분명 어떤 애인한테서 온 걸 거야……. 당신이 정말 사랑하는 예전의 각하들 중 한 명한테서……. 보여 줘, 보여 달라고, 내가 말했잖아!"

나는 편지를 보여주지 않았다.

"안 보여줄 거야! 처음을 읽어 줄게. 적혀 있는 대로 읽는다고 맹세할게. 맹세해. 그런 다음에는 편지를 봐도 돼."

베개 하나가, 기진맥진 죽도록 얻어맞은 뒤에 침대 아래로 떨어졌다.

"누구한테서 온 거야?"

"에미 숙모한테서 온 거야. 우리는 싸웠거든. 이제 숙모는 나한테 뭔가를 바라고 계셔. 그래서 편지를 보낸 거야. '얘야! 화장되기 직전에 펜을 든다…….' 이렇게 쓰셨어."

"거짓말!" 공주가 외쳤다. "그건……. 이리 줘! 그건 아주 머~엇지네, 뱅트손이라면 이렇게 말하겠지. 가서 면도나 하고, 화장된 당신 숙모 때문에 여기 있는 사람들을 방해하지 마!"

그런 뒤 우리는 밖으로 나갔다.

그립스홀름 성은 하늘로 빛을 뿜고 있었다. 성은 조용하고 장엄하게 그곳에 서서 망을 보고 있었다. 호수는 아주 조용히 출렁이며 철썩철썩 물가에 장난쳤다. 스톡홀름으로 가는 배는 이미 떠났다. 나무들 뒤로 배의 굴뚝에서 연기가 나는 것이 어렴풋이 보일 뿐이었다. 우리는 들판을 가로질러 갔다.

공주가 말했다.

"별채의 아주머니는 자기식의 독일어를 해. 좀 전에 나한테 밤에 충분히 따뜻했는지 물었어……. 내가 분명 얼음 아가씨였을 거라며……."

"그거 멋진데." 내가 말했다. "북쪽 사람들은 자기네 말에서 사용하는 단어를 그대로 번역하는 건지, 아니면 자기도 모르게 새로운 것을 창조하는 건지 정말 모르겠어. 코펜하겐에 있을 때 어떤 여자를 알았어. 그 여자는 화가 나서 아주 걸걸해진 목소리로 '이 코펜하겐은 중심 도시가 아냐, 중심 구덩이야!'라고 말했어. 그녀가 이 단어를 만들어낸 걸까?"

"당신, 아는 사람 참 많다, 대디!" 공주가 말했다. "그건 분명 멋진 일이야……."

"아냐, 옛날처럼 그렇게 많은 사람을 알지 못한 지 꽤 오래

됐어. 또 많이 알면 뭐 하겠어?"

"이보게, 자네한테 말을 좀 해야겠네." 공주가 말했다.

그녀는 오늘은 저지 독일어로 말했다.

"자네가 만일 어떤 사람을 사귀는데, 그 사람이 어떤 상태인지 제대로 모른다면, 자넨 스스로 이렇게 묻겠지. 그가 내게 사랑을 줄까 아니면 돈을 줄까? 만일 둘 중 아무것도 아니면 그 사람을 가게 내버려 두고 집착하지 마! 그렇다고 이 소똥을 밟을 필요는 없잖아!"

"이런 젠장!"

"욕을 하면 쓰나, 페터!" 공주가 거드름을 부리며 말했다. "그건 어울리지 않아. 자, 잠깐 이쪽 풀밭에 좀 눕자!"

그래서 우리는 누웠다…….

숲이 바스락거렸다. 바람이 저 위쪽 나무 우듬지를 스쳐 나갔다. 아주 미세한 향기가 땅에서 올라왔다. 약간 시큼하고 상쾌한, 이끼 냄새와 송진 냄새 같은 게 섞였다.

"아르놀트라면 지금 뭐라고 말했을까?"

내가 조심스럽게 물었다. 아르놀트는 공주의 첫 애인이었다. 그녀의 기분이 좋을 때는, 그를 생각나게 해도 괜찮았다. 지금 그녀는 기분이 좋은 상태였다.

"아무 말도 안 했을 거야." 그녀가 대답했다. "할 말도 없었을 거야. 난 그걸 한참 뒤에야 알아챘어."

"그럼 영리하지는 않았다는 거야?"

"내 휴지통이 그의 머릿속보다 더 정리가 잘 되어 있어! 그는 말을 적게 했어. 나는 처음에는 이 침묵을 아주 중요하다고 생각했었지. 근데 그는 말없는 애무자였어. 그런 게 있어."

부드러운 이끼 위로 발자국 소리가 들렸다. 작은 사내애가 뭔가에 걸려 비틀거리듯 숲길을 걸어왔다. 혼자 뭐라고 중얼거렸다……. 그런데 우리를 보자 입을 다물었다. 나무들을 올려다보더니 달리기 시작했다.

"저런 건 검사에게나 어울릴 법 한데." 내가 말했다. "검사는 영리한 머리로 모든 범죄의 사실 구성 요소를 짜 맞출 거야. 하지만 저 아이는 그냥 숫자를 외우다가, 우리를 보고는 창피했던 게지……."

"아냐, 그건 이래."

공주가 말했다. 그녀는 누운 채 구름을 향해 이야기했다.

"어떤 사내아이가 가게에 가서 비누랑 소금을 사야만 했어. 그래서 그 아이는 계속 혼자 중얼거리면서 갔지. 비누랑 소금, 비누랑 소금……. 그런데 그 애는 앞을 보지 않고 가다가 콩 넝쿨에 걸려 넘어졌어. 아이고! 어유와 타르[44]! 이렇게

---

44   이 부분의 본문은 비누랑 소금은 'Seip un Solt', 어유와 타르는 'Tran un Teer'로서, s로 시작되는 단어를 외우다가, t로 시작되는 단어를 생각했다는 의미의 말장난을 했다.

말하고 말았지. 그리고 이 단어가 입에 붙었어. 그래서 어유랑 타르를 산거야. 페터! 페터! 삶이 뭘까! 빨리 말해봐, 삶이 뭔지! 아냐, 지금 저속한 말을 하지 마⋯⋯. 나는 그 말들을 알고 있어. 삶이 뭐야? 지금 당장 알아야만 하겠어!"

나는 잎이 달린 마른 가문비나무 가지에서 쓴 맛을 빨았다.

"우선 나는" 내가 말했다. "그것이 뭔지 느꼈어. 그러고 나서 삶이 왜 그런지 이해했어. 그러고 나서 나는 그게 왜 다르게 될 수 없는지 인식했어. 그러나 나는 그것이 달리 되길 원해. 이건 힘의 문제야. 우리 자신이 진실하다면⋯⋯."

그녀가 깊은 알토 목소리로 말했다 "당신이 나한테 했던 진실 검사에 따르면⋯⋯."

"여자랑 진지하게 무언가에 대해 이야기하는 게 가능한지 모르겠어. 그건 가능하지 않아. 선거권도 마찬가지야!"

"사장도 늘 그런 말을 해. 근데 그 사람은 지금 뭐 하고 있을까?"

"아마 지루해하겠지. 하지만 아바치아에 있다는 것만으로 자부심을 가질 거야. 너의 총영사는⋯⋯."

"대디⋯⋯. 당신의 작가적 자부심도 정당한 건 아니야. 근데 말이지, 가끔 나는 이렇게 생각해⋯⋯. 그 사람은 그래도 뭔가가 되어 있어. 총영사, 비누, 금고실, 그런데 모든 게 요람에서부터 그한테 주어진 건 아니야. 그리고 요람, 친애하는 대디……. 그 남자는 자기가 평생 아주 좋은 상황에서 살았다고 입버릇처럼 나한테 말했지만, 그렇지 않아. 상황들이 그를 단맛에 접근하게 두기 전까지는, 모든 쓴맛을 다 보았을 거야, 그래, 그는 지금은 짭짭 소리를 내며 먹고 있어……. 뭐? 당연히 그건 잊었지, 쓴맛은. 아, 그건 모든 사람이 다 그래. 기억, 젊은이, 기억이란 말이지……. 그건 낡은 손풍금이야. 요즘 사람들은 축음기를 갖고 있잖아! 어떤 사람이, 사장과 같은 그런 사람이 어떻게 서서히 이렇다 할 만한 사람이 되었는지를 알 수만 있다면, 어떻게 그런 일이 생기는지 알 수만 있다면……. 그는 결혼하지 않았어……. 혹시 그 사람한테 아내가 있더라도, 그녀는 남편의 신분상승에 대해 누구한테도 말해 줄 수 없을 거야. 왜냐하면 그녀는 아무것도 눈치 채지 못했기 때문이야. 그녀는 그걸 당연한 것으로 여기겠지. 모두 자수성가한 이야기에 대해서는 아무것도 듣고 싶어 하지 않아. 왜냐하면 그걸 듣고 나면 자기 조상들이 투구의 면갑도 없이 돌아다녔던 것을 인정하게 되니까. 승진……. 누군가의 월급을 올려주고 싶지 않을 때만 사람들은 그런 말을 하지."

현명한 뤼디아는 이렇게 말하며, 연설을 마쳤다, 거기에 곁들어 아주 멋진…….

이때 공주가 딸꾹질을 했다.

그런 뒤 그녀는 내가 일으켜주길 바랐다. 그러더니 멋진 체조 동작으로 혼자 일어섰다. 그러고 나서 우리는 천천히 숲을 지나 돌아왔다. 집으로 오는 동안, 우리는 나무를 베어내어 생긴 숲길이 보일 때마다 멈춰 서서 장엄한 연설을 했다. 각자 서로를 경청하는 척했고, 정말 경청하기도 했고, 숲을 경탄하는 척도 했고, 정말 경탄하기도 했다. 누군가가 우리에게 물어봤더라면, 정말 진심이라고 했을 것이다. 우리는 더 이상 대도시에 있지 않았으며 스웨덴에 있지도 않았다. 하지만 우리는 함께 있었다.

저기 마리에프레드의 첫 번째 집이 보였다. 축음기가 무엇인가를 울려댔다.

"여기는 기분전환을 위한 곳이네, 축음기야." 공주가 존경하는 듯 말했다. "들리지, 아직은 아주 쉰 듯한 소리야. 하지만 여기 공기가 도와줄 거야."

"뤼디아, 배고파?"

"내가 정말 먹고 싶은 건……. 페터! 대디! 이런 젠장! 스뫼르고스의 2격이 뭐지……. 나는 기꺼이 스뫼르고스의 뭔가를 먹고 싶은데……. 젠장, 젠장!"

그리고 식탁에 앉아, 공주가 스뫼르고스를 1격에서 4격까지 변화시킬 때까지, 우리는 이 단어 격변화에 몰두했다.

"밥 먹고 나서 뭐 할까?"

"그게 문제야! 밥 먹고 자러 가자. 칼헨도 늘 이렇게 말했어. 한낮의 옷 속에는 피로가 잔뜩 쌓여 있다……, 그러니 옷을 완전히 벗고 자야한다. 자는 거다. 그게 휴식이다, 라고."

"말해봐……. 당신 친구 칼헨은 아직도 라인란트 재무국에 앉아 있어?" 나는 그가 앉아 있을 거라고 말했다.

"그런데 대체 무슨 일을 하는 거야?"

"이봐." 내가 공주에게 말했다. "그는 아주 멋진 사람이야! 하지만 그 친구한테 이 말을 하면 안 돼. 말을 하면 그는 자부심이 넘쳐서 귀에서 공작새 깃털이 자라날 거야. 그는 어떤……. 칼헨은 그냥 칼헨이야."

"설명이 아니잖아. 나의 영사님도 뭔가 말하고 싶지 않으면 늘 그렇게 흐느적거리지. 나는 이제 내 몸을 위해 침대로 간다, 자자."

그녀가 타라라붐디애이[45]의 멜로디를 따라 노래하는 게 들렸다.

> 그때 작은 말이
> 갑자기 몸을 돌렸다네.
> 그리고 짧은 꼬리로

---

45 Henry J. Sayers가 작사, 작곡한 노래 <Ta-Ra-Ra Boom-De-Ay>(1891).

파리를 쫓았다네.

　그 뒤 나무들이 쏴쏴 소리를 내며 우리를 잠 속으로 몰아넣었다.

3

오후에 우리는 성 앞에 서 있었다. 관광객들이 오갔다.

　우리는 '성안 쪽 정원'으로 슬슬 걸어갔다. 그곳 한가운데에는 작고 예쁜 샘이 있고, 성의 벽에는 작은 돌출창들이 달라붙어 있었다. 성은 사방이 복원되어 있었다…… 유감이었다. 하지만 그렇게 하지 않았더라면 성 전체가 무너져 내렸을 게다. 그 정도로 오래되었다.

　큰 관광용 자동차가 집 앞 쪽으로 갔다.

　좀 젊어 보이는 남자 한 명이 내렸고, 그 뒤를 따라 여성 두 명이 내렸다. 한 명은 조금 나이가 들었고, 다른 사람은 조금 젊었다. 그런 뒤 뚱뚱한 신사가 뒷좌석에서 힘겹게 몸을 뺐다. 그들은 독일어를 했다. 그런데 달에서 떨어지기라도 한 듯, 약간 당황한 채 자동차 주변에 서 있었다. 곧 뚱뚱한 남자가 운전사와 큰 소리로 이야기했다. 다행히 운전사는 그의 말을 이해하지 못했다.

그들은 성의 지도를 펼쳤다. 가이드는 벌써 건물 안으로 들어가 버렸다. 관광객들은 자기들끼리 순례하도록 내팽개쳐졌다.

"뤼디아······." 내가 말했다. 우리는 그들의 뒤를 따라갔다.

"뭘 하려고?" 뤼디아가 목소리를 낮춰 물었다. 그녀는 그렇게 나를 잘 이해했다.

"아직은 잘 몰라." 내가 말했다. "뭔가 생각났어······. 가자."

관광객들은 중세풍의 큰 홀에 있었다. 목재를 댄 천장을 올려다보고 있는데, 여자 중의 한 명이 말을 크게 해서 소리가 울렸다.

"아주 굉장해!"

"분명 스웨덴 스타일일거야!" 뚱뚱한 남자가 말했다. 그들은 중얼거렸다.

"이제 저 사람들이 다 여기서 지어진 거냐고 또 물으면······. 빨리!"

"어디로?"

"저기, 큰 우물이 있는 곳으로. 거기서 뭔가 일을 벌여야 해······."

그들이 발을 끌며 걷고 기침하는 소리가 들렸다. 그런 뒤 우리는 그런 소리가 들리지 않는 곳에 왔다. 우리는 소리를 죽여 빨리 걸었다.

위층으로 가는 나무 우회로가 있는 크고 둥근 방이었다. 단단하게 다져진 바닥 한가운데 둥근 나무 판이 놓여 있었다. 그것은 지하 감옥으로 가는 통로였다. 거기서 우리는 사다리를 발견했다. 뤼디아가 도와주었다. 우리는 사다리를 내렸다. 와! 사다리가 섰다. 아주 깊은 것 같지는 않았다. 나는 사다리를 타고 아래로 내려갔다. 공주가 놀리는 것 같으면서도 놀라는 눈길로 지켜봤다.

"박쥐들한테 인사 전해 줘."

"시끄러!"

나는 이렇게 말하고 사다리를 내려갔다, 별로 길지 않은 그 끝까지……. 어떤 미국 희극 영화 배우가 소방관을 연기한 적이 있었는데, 지금 이 상황이 그렇게 보였고, 전혀 이상하게 생각되지 않았다. 여기는 어디로 통하는 거지? 하지만 즐거움을 위해서라면 우리한테는 어떤 것도 힘들지 않다. 어둠과 먼지. 위쪽의 둥근 빛뿐.

"성냥 좀 줘, 당신 핸드백에 있는 거!"

성냥갑이 내 발등에 떨어졌다. 그걸 찾다가 사다리에 머리를 부딪쳤다. 그런 뒤 성냥을 찾았다. 작은 불꽃……. 그곳은 그런대로 꽤 넓었다. 벽 한 면에는 고리들이 울타리처럼 죽 늘

어서 있었다. 분명 그들은 포로들을 3단계로 개선시킨 것이
아니라, 단 한 가지 방법으로만 개선시켰던 것 같다……. 그리
고 그곳에는 두 번째의 우물 웅덩이도 있었다.

"뤼디아?"

"응?"

"사다리를 올려. 할 수 있겠어? 도와줄게. 내가 올릴게. 얍!
됐어……, 잡았어?"

사다리는 위로 올려졌다.

"치워버려!"

공주가 사다리를 치우는 소리가 들렸다.

"둥근 뚜껑을 다시 닫아, 할 수 있어? 이제 숨어."

이제 캄캄절벽이었다. 새까맣다.

그런 상황에 익숙해지지 않는다면 이상한 일이다. 완전히
캄캄한 곳에 몸을 숨기는 순간 어둠이 살아난다. 아니, 어둠이
살아나기를 기다린다. 우리는 어둠을 두려워하고, 살아있는
것을 그리워한다. 내가 아직 아래에 있다는 신호로 낮게 헛기
침을 했다. 하지만 어떤 악의도 품지 않았다……. 나는 이리저
리 더듬으며 나아갔다. 벽에 못 하나가 박혀 있었다. 거기서부
터 더 이상 앞으로 갈 생각이 없다……. 어? 그들이 왔다. 그들
의 목소리가 똑똑히 들렸다. 둥근 나무 뚜껑은 그냥 얄팍했다.

"여기는 아무것도 없어." 누군가가 말했다. "우물인 것 같

아. 포위되었을 때나 뭐 그런 때를 위한 거. 아주 흥미로워. 자,
계속 가요. 여기에는 아무것도 없어."

여기 곧 뭔가 일어날 것이다.

"후-우-우-우-우-" 하고 나는 소리를 냈다.

위쪽은 쥐죽은 듯 조용해졌다. 질질 끄는 발소리가 멈추었다.

"뭐였지?" 누군가가 말했다. "들었어?"

"그래, 나도 들은 것 같은데. 그냥 어떤 소리겠지."

"후-우-우-우-우 - 아아 - 후-후-후-후-후 - !" 나는 다시 소리를
냈다.

"아돌프, 세상에, 여기 동물이 갇혀 있나봐, 개야. 나가자!"

"그래, 잠깐만, 그럴 리가 없어! 누구……, 에……, 거기 아
래에 누구 있어요?"

나는 조용히 있었다.

"착각이야." 남자 목소리가 들렸다.

"가자. 여긴 아무것도 없어." 다른 남자가 말했다.

그때 나는 먹이를 먹기 전의 동물원 사자들을 생각하고는,
숨을 들이쉬고 으르렁거리기 시작했다.

"후-우-우-웅 - 으르르 - 아아 후-우-우-우-우아!"

이건 너무 심했다.

"악!" 위에서 한 여자가 날카롭게 소리쳤다. 그리고 부츠
를 신은 사람의 서두르는 발소리가 들렸다.

"근데 이건 정말, 이건 누가 설명해 줘야만 해. 곧 아래쪽에 가서 물어봐야 해……. 말도 안 돼, 이건 정말……."

"여기서 나가자! 우리가 분명 성 전체에서 뭔가를……."

그들은 떠났다. 나는 나의 어둠 속에 서 있었다. 쥐죽은 듯 고요했다.

아주 나직이 불렀다. "뤼디아?" 아무 소리도 없었다. 벽에서 석회가 조금 사르륵 떨어졌다. 음……. 소리가 들리나? 이 곳은 모두 나무와 돌로 지어졌다. 아무 소리도 안 들렸다. 나는 귀를 기울였다. 심장에게 귀를 기울이라고 허락하자, 심장은 점점 더 빨리 뛰었다. 아무것도 들리지 않았다. 사람들을 놀라게 하면 안 되는 거야, 봤지, 놀라게 하면 안 된단 말이야…….

"뤼디아!" 좀 더 큰 소리로 외쳤다. "어이! 이봐! 할멈!"

아무 소리도 없었다.

퍼뜩 어떤 생각이 들었다. 이건 장난일 거야. 그 친구가 옳았어. 조용히 서 있자, 그렇지 않으면 몸이 더러워질 거야. 너 겁나지. 너 겁 안 나지. 그래 바보 같아. 뤼디아가 곧 올 거야. 그런데 그녀가 갑자기 정신을 잃거나 아니면 갑자기 죽는다면, 네가 여기 서 있는 걸 아무도 모를 거야. 소설, 영화의 발상. 파데 사[46]가 이런 것을 만들었다. 비열한 일, 사람들을 어

---

46 파데 프레레스(Pathé Frères): 프랑스의 파데 형제(찰스&에밀)가 설립한 회사.

둠 속에 가둬놓는 것. 나는 전쟁 때 어떤 남자가 밖으로 나오는 것을 봤다. 그는 빛을 보자 비틀거렸다. 그러고는 울기 시작했다. 전쟁을 제대로 하지 않았다고, 그를 가뒀던 것이다. 그런 짓은 하면 안 된다. 재판관들은 자신들이 판결한 것을 시험해보게 했다. 그래서는 안 된다. 그들은 그것이 단순히 실험이라는 것을 알기 때문이다. 사형, 아무도 그 영향을 알지 못하는 미친 짓. 이제 심장이 진정되었고, 나는 곰곰이 생각하며, 사고를 전개했다…… 덜컹하며 나무 뚜껑이 밀려났다. 빛. 뤼디아. 사다리.

나는 위로 올라갔다. 공주는 모든 이야기를 듣고 대놓고 비웃었다.

"그 모든 일이 어떻게 그리 갑자기 일어났어? 이리 와. 자, 그럼 이제 집으로 가자! 맙소사, 당신 꼴 좀 봐!"

나는 먼지를 뒤집어 쓴 탓에 회색빛이었다. 온 몸에는 거미줄이 주렁주렁 걸렸고, 손은 검정색 줄로 장식되어 있으며 나머지도 비슷했다.

"그 사람들이 뭐라고 했어? 당신이 뭘 했는데. 이 봐, 먼저 거울이나 보시지!"

거울을 안 보는 게 나았다.

"그렇게 오랫동안 어디 있었어, 이 할망구야? 나를 저 아래에서 애타게 기다리게 해놓고선! 너한텐 그게 사랑이구나!"

"나는……." 공주가 말하면서 거울을 다시 집어넣었다. "여기서 요강을 찾고 있었어. 하나도 없네. 옛날 백작들은 분명 만성 변비에 시달렸을 거야!"

"틀렸어." 내가 가르쳐주었다. "틀렸어, 무식하군. 그들은 그 목적을 위해 작은 화장실을 만들었어. 물론 여기에도 화장실이 있었고, 성의 해자로 흘러갔지. 그런데 만일 그들이 포위되어 사악한 적이 오면, 그러면……."

"자 이제 당신이 씻어야 할 시간이 왔어. 이 망나니야!"

깜짝 놀란 별채 안주인을 지나쳐 우리는 어슬렁어슬렁 우리 방을 향해 갔다. 그녀는 분명 내가 브랜디에 푹 빠졌다고 생각했을 것이다. 솔질, 목욕, 새 칼라, 공주의 검사하는 눈길, 세 번이나 퇴짜. 여전히 더러운 뭔가가 달라붙었기 때문이다.

"이제 우리 누구를 약 올릴까?"

"나 없이 혼자서 해. 이 친구 머릿속에는 멍청함 외에는 든 게 없어. 그러면서도 진지한 사람이 되려고 하니 원!"

"그렇게 되려고 하지 않아……. 그렇게 되어야만 해, 그래야만 해."

우리는 밖으로 나왔다.

저 멀리 뒤쪽에 작은 정자가 있었다. 거기에는 자동차를 타고 온 사람들이 앉아서 커피를 마시고 있었다. 우리는 느릿느릿 그 앞을 지나가며 유쾌하게 이야기를 나눴다. 조금 젊은 남자가 일어서더니 우리 쪽으로 왔다.

"독일에서 오셨어요……?"

"네." 우리가 대답했다.

"그럼……, 혹시……, 저희랑 자리를 함께 하시면 어떨지요……?"

뚱뚱한 남자가 일어서더니 말했다.

"타이히만이라고 합니다. 타이히만 사장입니다. 이쪽은 제 집사람, 이쪽은 조카 딸 팝스트 양, 이쪽은 클라리러 씨입니다."

이제 나도 뭔가를 말해야 했다. 이게 우리 나라 풍습이기 때문이었다.

"젱에스펙이라고 합니다." 내가 말했다. "그리고 제 집사람입니다."

그러면서 우리는 자리에 앉았고, 공주는 탁자 아래에서 내 무릎뼈를 걷어찼다. 홀짝거리며 커피 마시는 소리. 접시가 부딪치는 소리. 케이크.

"여긴 참 아름다워요. 여기 관광 오신 거겠죠?"

"네."

"멋져요. 여긴 아주 흥미로워요."

침묵.

"저기요……, 성에 사람이 살고 있나요?"

공주가 나를 힘껏 걷어찼다.

"아뇨." 내가 말했다. "그렇지 않은 것 같아요. 아뇨. 분명 아무도 안 살아요."

"그렇군요……, 우리 생각에는……."

"그건 왜 묻나요?"

그 사람들은 서로 의미심장한 눈길을 주고받았다.

"그냥 우리 생각에는……, 우리는 저 위 어떤 방에서 누군가가 말하는 것을 들었어요. 근데 아주 유별나서, 오히려 개나 무슨 야생 동물 같았어요……."

"아뇨." 내가 말했다. "제가 아는 한, 이 성에 동물은 한 마리도 안 살아요. 거의 한 마리도요."

침묵.

"절대로……, 여기에는 아무것도 없어! 두 분도 그렇게 생각하지 않으십니까?"

타이히만 사장이 말하면서 주위를 둘러보았다.

우리는 여기에 아무것도 없다는 것에 동의했다.

"알다시피", 사장이 말을 이었다. "정말로 기분전환을 하려면, 그런 것은 베를린에만 있어요. 아니면 파리에 있죠. 하지만 보통은 베를린에만 있습니다. 그건 아주 달라요. 안 그래요?"

"흠—."

우리는 이렇게 대꾸했다.

"여기는 별로 우아하지도 않은 것 같아요!" 타이히만 사장 부인이 말했다.

그리고 팝스트 양은 이렇게 말했다. "난 전혀 다른 것을 상상했어요."

"그럼 우리 오늘 저녁 스톡홀름에서 어디 가요?" 클라리러가 물었다.

타이히만 사장 부인은 아무 곳에도 가고 싶어 하지 않았다. 그녀는 조금 전에 정말 놀랐을 것이다. 성안에서……. 그 사이 공주는 내가 끼고 있는 반지를 돌리고, 내 커프스단추를 풀었다. 이 모든 걸 다 탁자 아래에서……. 난 이 정도면 충분하다고 눈치 주는 걸 알아차렸다. 왜냐하면 누가 알겠는가, 그녀가 이것 외에 또……. 그래서 우리는 약속이 있다고 하며 작별 인사를 했다.

"선생님들도 나중에 스톡홀름에 가실 겁니까?"

– 아뇨, 죄송합니다.

우리가 정자 밖으로 나와 풀밭에 서니, 우리가 스톡홀름으로 갈 필요가 없는 것에, 그리고 스웨덴에서 휴가 중인 것에 기뻐하면서도, 또 죄송하게 생각했다…….

"저기 뭐가 오고 있는 거야?"

그녀가 눈을 살쾡이같이 가늘게 뜨며 말했다. 풀밭을 지나 좁은 길에, 작은 형체들의 가느다란 줄이 움직이고 있었다.

"저게 뭐지-?"

그것들이 다가 왔다.

그것들은 아이들이었다. 어린 소녀들이 얌전하게 몸을 세우고 줄에 끼운 진주처럼 둘씩 짝을 지어 오고 있었다. 위압적으로 보이는 사람이 그 줄의 맨 앞에 서서 자주 주위를 둘러보았다. 어떤 아이도 말을 하지 않았다. 이제 그들이 우리 쪽으로 왔다. 우리는 옆으로 비켜서서 이 행렬이 지나가게 했다. 앞장 선 사람이 우리한테 번쩍이는 눈길을 던졌다. 아이들은 터벅터벅 걸어갔다. 그들이 지나갈 때, 우리는 아무 말도 하지 않았다. 맨 끝에 아이 하나가 혼자 따라가고 있었다. 아이는 마치 누군가에게 끌려가듯 걸어갔다. 눈은 울어서 부었고, 걸으면서도 가끔 혼자 훌쩍였다. 하지만 울지는 않았다. 얼굴도 그렇게 붓지는 않았다, 펑펑 운 아이의 얼굴처럼은……. 그 얼굴은 오히려 너무 울어서 멍해진 듯 보였다. 갈색의 머리에는 금발기가 반짝였다. 그 애는 몹시 피곤하고 무심하게 우리를 쳐다보았다. 마치 나무를 쳐다보듯. 공주는 갑자기 용기와 아이들에 대한 사랑에 압도되어, 우리가 꺾은 두 송이 초롱꽃을 그 애 손에 쥐어 주었다. 아이는 몸을 움찔하더니 우리를 올려보았다. 아이의 입술이 움직였다. 아마 뭔가 말하려고 했던 것 같다, 고맙다고……. 그러자 앞쪽의 그 사람이 몸을 돌렸다. 어린 소녀는 걸음을 재촉하면서, 겁을 먹고 무리를 따라가려고 깡충깡충 뛰었다. 행진하는 아이들의 발에서 먼지와 소음이 일었다. 그런 다음 모든 것이 지나갔다.

"묘한 소녀야." 공주가 말했다. "어떤 아이들일까? 나중에 한 번 물어보자……. 페터, 내 아들, 이곳에 북극광이 있어? 그걸 꼭 한 번 보고 싶어!"

"없어." 내가 말했다. "아, 있어. 하지만 보고 싶은 모든 건 말이지, 내 딸아, 딱 그 달에만 있어, 우리가 여기 있지 않을 때……. 인생이 그렇지. 당신은 그건 다음 수업에서나 얻게 될 거야. 북극광……, 그래……."

"대단히 고맙네. 어렸을 때 백과사전에서 북극광을 한 번 본 적 있어. 사전은 말이지, 그 자체로 하나의 세계야, 작은 박엽지가 여러 장 있는……. 거기에 그림이 그려져 있었어, 북극광이, 아주 화려하고 커다랗게, 북극광이 하늘의 절반을 덮었을 거야. 내 생각에, 만일 내가 그걸 보게 된다면 아마 굉장히 무서워할 거야. 생각해봐, 하늘에 있는 크고 다채로운 빛깔들을! 근데 만일 그게 떨어진다면! 그리고 누군가의 머리 위로 떨어진다면! 그래도 꼭 한 번 보고 싶어……."

하늘이 우리 머리 위에 창백한 푸른색 아치를 이루고 있었다. 지평선의 한 부분은 깊은 암청색으로 변해가고 있었다. 해가 금방 넘어간 그곳은 다홍빛 금색이었다. 희미한 빛을 내며 아직도 약간 빛나고 있었다.

"뤼디아." 내가 말했다. "우리의 북극광을 만들어 볼까?"

"어떻게……."

"봐." 나는 말하면서 손가락으로 하늘을 가리켰다. "봐, 봐, 저기, 저기 그게 있어!"

우리 둘은 위쪽을 봤다. 우리는 손을 잡았다. 맥박과 혈류가 한 사람에게서 다른 사람에게로 흘러갔다. 이 순간 나는 지금껏 그렇게 사랑한 적이 없을 만큼 그녀를 사랑했다. 그리고 그곳에서 우리는 우리의 북극광을 봤다.

"그래", 공주가 낮게 말했다, 그것들을 쫓아내지 않기 위해서. "정말 멋있어. 아주 밝은 연두색이네. 그리고 저기는 분홍빛이야! 그리고 둥근 띠야, 저기 저것, 맨 꼭대기……. 봐, 봐!"

이제 그녀는 주저하지 않고 큰 소리로 말하기 시작했다. 왜냐하면 북극광이 정말로 빛났기 때문이었다.

"작은 태양 같아 보여." 내가 말했다. "그리고 저기, 꼭 흘러내린 우유 같아. 그리고 저기, 하얀 새털 구름……. 파란색……. 아주 밝은 파란색이야!"

"봐, 그리고 저기 지평선 쪽이 확실히 더 달라지고 있어. 저쪽은 모두 다 완전 은회색이야. 대디, 정말 아름다워!"

우리는 조용히 서서 위를 바라보았다. 마차 한 대가 덜컹거리며 지나갔다. 그것 때문에 우리는 놀랐다. 마부석에 앉아 우리한테 친절히 인사하던 농부도 이제 하늘에 뭐가 있나 올려다보았다. 우리는 처음에는 그를 바라보았고, 그 다음에는 약찬 차갑고 회색빛으로 뻗어있는 초원을 쳐다보았다. 우리는 부끄러운 듯 미소를 지었다. 그리고 다시 하늘을 올려다보았다. 그곳에는 아무것도 없었다. 하늘은 매끈하고 푸르고 반쯤 밝은 채였다.

"페터……." 공주가 말했다. "페터……."

4

"좀 알려주세요, 안데르손 부인."

나는 별채의 아주머니가 우리에게 저녁 인사를 건넸을 때, 말을 걸었고, 그녀의 이름을 제대로 발음했다.

"우리가 아까 만났던 아이들은 누구예요? 저기……, 저기 뒤에……, 풀밭에서……."

"네, 애들이 많죠. 농갓집 사내애들일 거예요. 개네들이 거기서 여러 가지 놀이를 해요……."

"아뇨, 아뇨. 어린 소녀들이었어요. 줄을 맞추어 갔어요. 마치 학원, 학교, 뭐 그런 곳에서처럼……."

"학교요?" 안데르손 부인은 생각을 했다.

"아! 그 애들은 아마 아드리아니 부인의 아이들일 거예요.

래게스타의 아이들."

그러면서 그녀는 호수 건너편을 가리켰다. 그쪽에는 멀리, 멀리 숲 속의 나무가 없는 빈터 오른쪽에 큰 건물이 있는 게 어렴풋이 보였다.

"저긴 여학생 기숙사예요, 일종의 보육원. 그래요."

이렇게 말하고는 그녀는 얼굴을 찡그렸다. 그런 표정을 한 적이 없었다. 나는 궁금했다. 우리는 알고 싶은 사실에 대해 결코 누군가에게 직접 질문해서는 안 된다. 그건 오래된 지혜다. 그러면 그는 그걸 말해주지 않을 것이다.

"거긴 애들이 정말 많겠군요……, 안 그런가요."

"네, 대단히 많이 있어요."

안데르손 부인이 대답했다. 종종 그녀가 무엇을 말하려는지 추측해야만 했다. 왜냐하면 그녀는 모든 말을 스웨덴어에서 곧이곧대로 번역하는 듯했기 때문이었다.

"그 여학생 기숙사에는 애들이 많은데, 스웨덴 애들은 많지 않아요. 다행이죠!"

"왜 다행인가요? 안데르손 부인?"

"네에." 그녀는 이렇게 말하고는 쫓기는 토끼가 방향을 바꾸듯 생각의 방향을 갑자기 바꿔버렸다.

"거기에는 스웨덴 애들이 많지는 않아요, 지금은요!"

"유감이네요." 이렇게 말하면서 내가 굉장히 외교적이라는 생각이 들었다. "거긴 확실히 좋겠죠……."

안데르손 부인은 잠시 침묵했다. 그러더니 과감하게 작은 시도를 했다. 그녀는 목소리를 낮췄다.

"그게……, 그 사람은 좋은 여자는 아네요, 거기 있는 여자는. 하지만 나쁘게 말하고 싶지는 않네요……. 이해하시죠. 그 사람은 독일 여자예요. 하지만 좋은 사람은 아네요. 독일에서 온 사람들은 꽤 괜찮은 사람들이에요……, 그죠……. 선생님도 좋은 분이니 나를 나쁘게 생각하지 마세요!"

"그 기숙사의 책임자를 말씀하시는 거예요?"

"네." 안데르손 부인이 말했다. "그 책임자, 그 책임자, 그 여자는 나쁜 사람이에요. 그 사람은 ……. 이곳 사람들은 모두 그렇게 생각해요. 그 여자는 우리 마음에 들지 않아요. 아이들한테 친절하지 않아요."

"그렇군요."

이렇게 말하고 나는 떨고 있는 나무들을 올려보았다. 오한이 난 듯 나뭇잎들이 떨리고 있었다.

"그래요, 좋은 사람이 아니라고요? 음……. 근데 그 사람이 어떻게 하는데요? 아이들한테 소리를 지르나요?"

"뭐 좀 말씀드릴게요." 안데르손 부인이 이렇게 말하더니, 여자만 이런 일을 다룰 수 있다는 듯, 공주에게로 몸을 돌렸다. "그 여자는 애들을 심하게 대해요. 그 책임자는……. 그 여자는 애들을 때려요."

공주는 충격을 받았다. "그곳에서 아무도 무슨 말을 안 해요?"

"네⋯⋯." 안데르손 부인이 말했다. "심하게 때리지는 않아요. 경찰도 그것에 대해선 아무 말도 할 수 없어요. 그 여자는 애들이 아주 아프도록 때리지는 않아요. 하지만 그렇게 하는 건 나빠요. 아이들이 그 여자를 무서워해요."

그녀는 마리에프레드 저편 언덕에 서 있는 성처럼 보이는 건물을 가리켰다.

"나는 그 여자 옆에 있느니 차라리 저기 있겠어요."

"저 너머에 있는 건 뭔데요?" 내가 물었다.

"정신병원이에요." 안데르손 부인이 말했다.

"그래요, 그러니까 정신병자들이 저기 있는 아이들보다 더 낫다는 말씀이세요?"

"네." 안데르손 부인이 말했다. "근데 저녁밥이 다 되었는지 저쪽에 가봐야겠어요⋯⋯. 실례해요!"

그리고 그녀는 자리를 떴다. 말을 너무 많이 했다는 듯 서둘러서.

우리는 서로 쳐다봤다.

"웃기지, 안 그래?"

"그래⋯⋯, 그러네." 내가 말했다. "분명 그런 악마 같은 여자가 있어, 징계용 채찍으로 다스리는……."

"페터, 식사가 준비될 때까지 피아노 좀 쳐봐!"

우리는 안데르손 부인의 음악실로 갔다. 그녀가 사용하라고 허락해주었다. 나는 작은 피아노 앞에 앉아 경건한 노래를 쳤다. 주로 검은건반만 사용했다. 그 건반을 누르는 게 더 쉽다. 나는 연주를 했다.

> 가끔 나는 너를 생각해,
> 하지만 그게 나를 사로잡지는 않아,
> 다음 날이면 난 정말 피곤해지기 때문이야 –

그리고 또 노래를 불렀다.

> 저녁시간 고슴도치들이
> 살그머니 연인들에게로 갈 때면
> 나도 그대에게 입 맞추었지.

그런 뒤 옛 민요를 불렀고, 그다음에는 미국 노래를, 또 그다음에는 우리가 작사한 노래를 불렀다. 이 노래는 처음부터 끝까지 완전히 바보 같은 노래였다. 그리고 저녁밥이 준비되었다.

우리는 위스키 한 병을 마련했다. 그건 그리 간단한 일이 아니었다. 우리는 '구매책자', 즉 스웨덴 사람들이 슈납스를 살 때 사용하는 작은 구매카드가 붙어 있는 책이 없었기 때문이었다. 그래도 어쨌든 우리는 한 병을 샀다. 그렇게 비싸지도 않았다. 갈색과 황금빛……. 블랙 앤 화이트……. 그대들 만세……!

우리는 집 앞 나무 탁자에 앉아서 성 저 너머를 바라보고 있었다.

가끔 술을 한 모금씩 마셨다.

오래된 교회 탑에서 종이 10번 울렸다. 10시였다. 공기가 꼼짝도 안 했다. 나뭇잎 하나 흔들리지 않았다. 마치 뭔가 정체된 듯한, 자연이 숨을 죽인 것 같은 그런 경직된 정적이었다. 밝았던가? 밝지는 않았다. 그저 어둡지 않을 뿐이었다. 나뭇가지들이 그렇게 시커먼 모습으로 위협을 했고, 기다리고 있었다. 마치 모두의 껍질을 벗겨낸 듯했다, 무자비하게. 칠흑같이 어둡지는 않았다, 사방이 그랬다, 어둠을 강탈당한 채. 밤의 검은 옷을 마법으로 불러들여, 아무것도 보이지 않게 다 덮어버리고 싶었던 것 같다. 타는 듯이 붉게 보였던 성은 그 색을 잃고, 빛바랜 갈색처럼 보이더니 어두침침해졌다. 하늘은 회색이었다. 밤이 아닌 채로 밤이었다.

"지금처럼 이렇게 조용하게, 이렇게 언제 어디서나 조용해야만 해. 뢰디아, 인간의 삶은 왜 그리 시끄러운 것일까?"

"이보게, 자넨 요즘에는 그런 고요함을 더 이상 얻을 수 없을 거야. 난 당신이 무슨 생각하는지 알아. 아냐, 그건 영원히 사라졌어……."

"왜", 나는 완강히 주장했다. "그게 없는 거야? 늘 뭔가가 있어. 사람들은 언제나 문을 두드리거나 음악을 즐겨. 언제나 개가 짖고, 위층에서는 누군가가 걸어 다니고, 창문이 덜컹대고, 전화가 울려. 하느님은 우리한테 귀 꺼풀을 주셨어야 했어. 우리는 부적당하게 디자인된 거야."

"허튼 소리 하지 마." 공주가 말했다. "이 고요함이나 들어봐!"

유리잔 안에서 탄산가스가 노래하는 것이 들릴 정도로 고요했다. 잔들은 갈색을 띠고 우리 앞에 있었다. 알코올이 혈액 안으로 아주 서서히 스며들었다. 위스키는 걱정을 없애준다. 정말 그로 인해 누군가가 파멸할 거라는 생각이 들었다.

잠에서 놀라 깨어나듯, 멀리서 종이 울렸다. 그리고 모든 것이 다시 고요해졌다. 우리가 묵는 집은 엷은 회색으로 빛을 내며 서 있었다. 집의 불은 꺼져있었다. 고요함이 끝없는 원구처럼 우리 위를 덮었다.

이 순간 각자는 완전히 혼자였다. 그녀는 그녀의 여성별에 나는 나의 남성별에 앉아있었다. 적의 없이……. 하지만 멀리,

서로 멀리 떨어진 채.

갈색 위스키에서 서너 가지 붉은 생각이 피를 타고 치밀었다……, 비도덕적이고 거칠고 조야한 생각이. 떠올랐다가는 휙 스쳐지나가고 다시 멀리 사라졌다. 나는 감성이 그려냈던 것을 이성으로 모사해보았다. 너 늙은 돼지 같은 녀석, 나는 나 자신에게 말했다. 넌 지금 이 멋진 여인이 있잖아……, 넌 늙은 돼지야. 핑계 없는 무덤은 없지, 돼지가 말했다. 너 솔직해져 봐! 너 그건 하면 안 돼, 내가 돼지에게 말했다. 넌 이미 그렇게 많은 고통과 비참함을 나한테 주었어, 그렇게 많은 나쁜 시간들을……, 내가 성병에 걸렸을지도 모른다는 불안에 대해서는 완전히 입을 다문 채. 이 은밀한 모험은 내버려둬! 이건 그렇게 멋지지는 않아, 넌 그걸 상상할 뿐이야! 헤헤, 돼지가 꿀꿀거렸다, 그건 그리 멋지지 않아. 생각 좀 해봐……. 조용히 해! 내가 말했다, 조용히 해! 나는 원치 않아. 꽥, 꽥, 이렇게 돼지는 떠들고는, 고소해하면서 땅을 뒤집어 댔다. 생각 좀 해봐, 너는 어쩌면 지금……. 나는 돼지를 때려 죽였다. 이번에는 내가 그 놈을 때려 죽였다. 우리는 이렇게 말한다, 내가 돼지우리를 닫았다고. 돼지가 여전히 화가 나서 난리치는 소리가 들렸다……. 그러고 나서 다시 유리잔들이 말을 한다, 아주, 아주 낮게, 모기가 앵앵거리듯.

"대디." 공주가 말했다. "여기서 내가 가져온 파란색 옷을 입어도 괜찮을까?"

나는 다시 그녀 곁으로 돌아왔다. 우리는 다시 같은 위성에 앉아 함께 우주를 굴러다녔다.

"응." 내가 말했다. "입어도 돼."

"어울릴까?"

"물론이지. 그 옷은 고상하고 색이 은은하잖아, 잘 어울려."

"담배 그렇게 많이 피지 마." 그녀의 깊은 목소리가 말했다. "그러면 다시 속이 안 좋아져. 그리고 나중에 누가 그 일을 떠맡지? 나야, 파이프 좀 치워."

나, 아들은 파이프를 치웠다. 왜냐하면 엄마가 그걸 원했기 때문이었다. 나는 조용히 그녀의 손 위에 내 손을 올려놓았다.

5

래게스타에 있는 큰 집은 미장이들이 지었다. 그들이 아니면 누가 지었겠는가. 장인들, 그들은 조용히 생각하는 사람들이다. 그들은 움직이기 전에 적어도 세 번은 사방을 둘러본다. 세상 어디서고 그렇게 행동한다. 모든 게 끝난 뒤 그들은 벽을 석회로 발랐고, 많은 방에 칠을 했고, 여러 방에 벽지를 발랐다, 아주 다양하게 그리고 모든 것을 지시에 따라서. 그런 뒤 그들은 냉담하게 떠났다. 집이 완성되었다. 이제 그 집에서 무슨 일이 일어나도 상관없었다. 그것은 그들의 일이 아니었다. 그들은 단지 장인들일 뿐이었다. 누군가는 고문을 당하게 될 이 재판정이 처음 만들어졌을 때는 그저 벽돌로 쌓인 사각형이었을 뿐이었다. 벽은 매끈하고 희게 칠해졌고, 위쪽은 칠장이가 즐겁게 휘파람을 불며 사다리에 올라서서, 주문받은 대로 벽을 따라 빙 둘러 회색 선을 그려놓은 그런 방이었을 뿐이었다. 그것은 장인들의 작품이었다……. 그런데 이제 이 방이 갑자기 재판정이 되었다. 인간들은 그렇게 무관심하게 미래의 장면을 위한 무대를 만들어 놓는다. 그들은 무대배경의 측면장치와 뼈대를 설치하고, 극장 전체를 세운다. 그러면 다른 사람들이 그곳에서 자신들의 슬픈 코미디를 상연한다.

아이는 침대에 누워서 생각했다.

생각하기……. 오래 전, 아이에게 아버지가 있었을 때, 그때 여자 아이는 아버지랑 언제나 '생각하기' 놀이를 했다. 아버지는 그 놀이를 하며 정말 많이 웃었다. 아버지는 그렇게 멋지게 웃을 줄 알았다…….

"뭐해?" 아이가 물었다.

"생각하고 있어." 아버지가 말했다.

"나도 생각할래."

"좋아…… 너도 생각해!"

그러고 나서 아버지는 진지하게 방 안을 이리저리 거닐었다, 아이도 항상 아버지의 뒤를 쫓아다니며 똑같이 따라했다. 위엄 있게 손을 등 뒤로 돌리고, 아버지처럼 이마를 찡그렸다…….

"무슨 생각해?"

아버지가 물었다.

"나는 생각해, 사자를."

아이가 대답했다. 그러면 아버지는 웃었다…….

잉가가 옆에서 쌔근쌔근 자며 이리저리 굴렀다. 아이는 갑자기 다시 현실로 돌아왔다. 자기가 실제로 있는 곳, 스웨덴으로. 래게스타로. 엄마는 스위스에 있다, 아주 멀리……. 아이는 마음속에서 뭔가 뜨겁게 치밀어 오르는 것을 느꼈다. 아이는 수도 없이 절절한 편지를 썼다. 세 번, 사실은 세 번뿐이었다. 편지를 쓰고 난 뒤 그 악당이 왔다. 하녀 중 한 명이 몰래 편지들을 우체국에 가져갔기 때문이었다. 하녀는 쫓겨났고, 아이는 머리끄덩이를 잡혔다. 스위스로 간 그 편지들은 훌륭했다. 그렇다, 모든 것은 그래야만 했다. 어쩌면 엄마는 아이를 데리고 있을 돈이 없었을 것이다. 그리고 여기 북쪽에서는 그나마 돈이 덜 들었다. 엄마는 아이에게 그렇게 설명했었다.

아이는 이곳에서 정말 외로웠다. 아이는 39명의 아이들 틈에서 완전 외톨이로 지냈다. 그래서 겁이 났다. 아이의 삶은 두려움으로만 차 있었다. 그 악당에 대한 두려움, 어느 곳이든 기회만 있으면 아이를 중상하는 조금 더 큰 소녀들에 대한 두려움, 다음 날에 대한 두려움, 다시 밝아 올 앞날에 대한 두려움, 모든 것에 대한 두려움, 모든 것에 대한. 아이는 자고 있지 않았다. 아이는 구멍이라도 낼 듯 뚫어지게 천장을 바라보고 있었다.

엄마가 아이를 여기에 맡겨버리다니! 그들은 전에 여기 살았다, 몇 년 전에, 3, 4년 전에. 그리고 그때 남동생 빌이 죽었다. 그 애는 마리에프레드에 있는 교회 무덤에 묻혔다. 악당이 허락을 하거나 명령을 하면, 아이는 동생 무덤을 찾아가 볼 수 있었다. 대부분은 명령이었다. 그러면 아이는 작은 어린이 무덤 앞에 섰다. 오른쪽, 14번째, 회색 작은 묘비가 있고, 그 묘비에 새겨진 글자들은 아직도 새것처럼 빛을 발했다. 하지만 아이는 그곳에서 절대 울지 않았다. 그저 가끔 집에서, 빌 때문에, 통통하고 작았던 빌 때문에 울었다. 빌은 그 애보다 더 어렸다. 더 어렸고, 장난을 칠 때는 더 개구쟁이였지만 착했다. 가끔 손바닥으로 얻어맞기도 했다. 하지만 엄마는 아프게 때리지는 않았다. 그러면 빌은 눈물이 그렁그렁한 채로 웃었고, 다시 착하고, 작은 장난꾸러기가 되었다. 마치 양털로 만든 아이 같았다. 동생은 병에 걸렸다. 사람들은 독감이라고 했다. 4일 뒤에 동생은 죽었다. 아이는 여전히 의사가 풍기는 병원 냄새를 기억했다. 동생이 죽은 곳은 여기가 아니었다. 그곳은 탁싱에-내스비였다. 그 이름은 절대 잊히지 않았다. 의사한데서 풍기는 시큼한 냄새도, "쉿!" 하는 소리도. 모든 것이 아주 조용히 진행되었다. 발끝으로 걸어 다녔다. 그리고 동생은 죽었다. 그때 기분이 어떠했는지는 잊었다. 빌은 이제 없었다.

남동생은 없다. 엄마도 없다. 아빠는 가버렸다, 어디로…… 아무도 없었다. 아이는 혼자였다. 아이는 혼자라는 단어를 생각하지 않았다. 훨씬 나빴다. 아이는 외로움을 느꼈다. 아이들만이 느낄 수 있는 만큼.

어린 소녀들이 이불 속에서 바스락바스락 소리를 냈다. 한 아이가 자면서 낮은 소리로 잠꼬대를 했다. 지금은 아이가 여기 위층에서 보내는 두 번째 여름이었다. 다른 일은 절대 생기지 않을 것이다. 절대로. 엄마가 와야만 한다. 아이는 생각했다. 엄마는 아이를 여기서 데려가야만 한다. 엄마도 아드리아니 부인은 당해내지 못할 것이기 때문이었다. 아무도 아드리아니 부인을 당해내지 못했다. 발소리? 만일 그녀가 지금 온다면? 언젠가 게르티가 아팠다. 그때 아드리아니 부인은 한

밤중에 다섯 번이나 올라왔었다. 다섯 번이나 아픈 아이를 보러 왔었다. 아드리아니 부인은 거의 질투하듯 병과 싸웠다. 그리고 결국 그녀가 열을 이겼다. 그녀가 지금 온다면? 아무 일도 없을 거다. 여덟 개의 침대 중 하나가 삐걱거렸다. 그것은 리사 베디겐이었다. 그 애는 늘 그렇게 뒤척이며 잔다. 그런데 누군가가, 만일 누군가가, 만일 누군가가……. 내일은 호수에서 수영을 할 것이다. 거기서는 항상 소녀들이 누군가에게 물을 튀긴다. 만일 누군가가…….

아이의 두 손이 조심스레 베개 아래를 더듬어 침대 시트 속을 헤집더니 모든 걸 다 밀어냈다. 없어졌나? 아니다. 그것들은 아직 거기 있었다.

베개 아래에는 시들고 눌린 두 송이 초롱꽃이 놓여 있었다.

3장

달걀은 달걀이다, 누군가가 말했다.
그리고 제일 큰 것을 집었다.

1

우리 둘은 편지 위로 몸을 숙여 함께 읽었다.

친구!

　난 올해 아직도 팔 일의 휴가가 남아 있어. 그래서 이 휴
가를 자네랑 자네의 친애하는 여자 친구분과 함께 보내고
싶어졌네. 자네들 스웨덴에 있다고 들었어. 친구여, 유탄으
로 파인 수많은 구덩이 속에서, 자네 발을 손으로 받쳐 등
자 태워주었던 옛 전우를 받아주지 않을 텐가? 친구, 내 여
행비도 내가 알아서 낼게. 나 자신을 위해 돈을 써야하는
건 나한테는 상당히 고통스러운 일이야. 자네도 알다시피,
이건 내 취향이 아니지. 그곳에 어떻게 가야하는지 적어 보
내 줘, 친구.

내가 거기서 지내도 돼? 자네들 거기 묵고 있는 거야? 그곳에 젊은 여인들은 많아? 안 가는 게 더 나을까? 우리 첫날 저녁부터 진탕 마셔볼까? 나를 사랑해?

편지 틈에 내 딸아이 사진을 끼워 보내네. 그 애는 나처럼 멋있어질 거야.

친구, 자네들을 볼 수 있어 정말 기뻐.

자네들의 좋은 친구 칼헨.

맨 아래에는 붉은 글자로, 마치 서류에 쓴 메모처럼 "즉시! 어제 떠남! 엄청 서두름!"이라고 적혀 있었다.

"그렇군." 내가 말했다. "그가 여기 오겠대. 와도 될까?"

공주는 갈색으로 그을렸고 생기발랄했다.

"응." 그녀가 말했다. "이젠 와도 돼. 난 충분히 쉬었어. 어쨌든 그는 8일 뒤에는 다시 간다며? 기분전환은 언제나 좋은 거야."

그래서 나는 편지를 썼다.

우리의 휴가는 절반 정도 남았다.

호수에서 수영. 그리고 호숫가의 가려진 장소에서 벌거벗고 누워있기. 햇살을 흠뻑 머금기. 그래서 점심 때 기분 좋게 멍청한 시간을 보냈고, 빛, 공기, 물을 잔뜩 마신 채 집으로 굴러들어 왔다. 고요함, 식사, 마시기, 잠, 휴식. 휴가.

그러다 그날이 되었다.

"우리 마중 갈까?"

"가자."

햇살이 밝은 날이었다. 공주가 말했듯이 알 낳기 좋은 날이었다. 우리는 역으로 갔다. 아주 작은 역이었다. 사실 그저 작은 집에 불과했다. 하지만 정말 진지한 느낌을 주었고, 역이라고 불리는 바람에, 집이라는 사실을 잊어버린 집이었다. 두 개의 철로가 놓여 있었다. 역은 역이었기 때문이었다. 그리고 뒤쪽으로 차량이 숨을 헐떡이며 달려왔다. 이곳에 기차는 없었다. 그냥 모터로 달리는 차량이 있을 뿐이었다. 거기에 작은 굴뚝이 달려 있었다. 그 덕에 사람들은 그것도 기차라고 생각했다. 도착. 쉭쉭 거리는 소리. 칼헨.

우리가 오랫동안 보지 못했을 때는 늘 그렇듯, 그는 덤덤하고 친절하고 멍청한 표정을 지었다. "그래……, 왔구나……" 하는 그런 얼굴이었다. 그는 우리 쪽으로 왔다. 곧 있을 인사의 그림자가 그의 얼굴에 드리워졌다. 손에는 작은 가방을 들고 있었다. 이 친구는 키가 컸고, 약간 주름진 얼굴은 그가 말하듯 '젊고 활달하게' 보였다.

안녕. 그리고 이건……. 그리고 저건……. 악수나 하지……. 그리고 자네 큰 가방은 어디 있나? 준비 인사가 끝났다.

"그래, 칼헨, 여행은 어땠어?"

그는 스톡홀름까지 비행기로 펄럭펄럭 날아와서 오늘 정오에 도착했다.

"좋았어?"

"글쎄……." 칼헨은 이렇게 말하고는 옛날 습관대로 이를 지근지근 씹었다. "나이 든 부인이 있었는데, 숨을 잘 못 쉬었어. 담배 한 대만 줘. 고마워. 승객들은 조그만 봉투를 받았지……. 그 부인은 벌써 두 개를 다 썼는데, 세 번째를 제때에 빨리 받지 못해서, 그녀 옆에 앉아 있던 남자는 새 외투를 사거나, 입고 있던 걸 세탁시켜야만 했어. 운 나쁘게도 나는 그 부인 옆에 앉아 있지 않았지. 그밖에 경치는 아주 좋았어. 귀부인께서는 이곳이 어떠하신지요?"

칼헨은 '귀부인'이라고 말은 했지만, 그렇게 생각하지는 않았다. 아무튼 그렇게 말을 하고는 몸을 아주 뻣뻣하게 해서 몸통을 앞쪽으로 세련되게 굽혔다. 그러면서 아주 멋진 동작을 했다. 즉 팔등을 위로 한 채 팔뚝을 앞으로 내밀었다가, 다시 뾰족한 팔꿈치를 보이며 잡아끌었다. 자기 소맷부리를 보려는 듯이……

이곳이 귀부인께 어떠냐고?

"여기 있는 이 사람이 없다면", 귀부인이 말했다. "그랬다면 휴양을 아주 잘했겠지요. 하지만 선생도 이 사람을 잘 아시죠. 이 사람은 정말 시끄럽게 수다를 떨고, 다른 사람을 가만

두지 않지요……."

"맞습니다. 이 사람은 늘 그래요. 이런." 그가 갑자기 말했다. "우산을 기차에 두고 내렸네."

그래서 우리는 다시 되돌아가 우산을 가져왔다. 스웨덴에서는 아무것도 분실되지 않는다. 두 사람은 곧바로 의기투합했다. 인간들 사이에서, 가끔 처음 몇 분간이 그들이 훗날까지계속할 모든 관계를 결정짓는 것은 기이한 일이다. 두 사람이즉시 서로를 이해했다는 것을 나는 곧바로 알아차릴 수 있었다. 모든 걸 전혀 진지하게 받아들이지 않았다. 그리고 나조차도 안중에 없었다.

칼헨은 1년 전이나, 2년 전이나, 3년 전이나 똑같았다. 늘같은 모습이었다. 그는 머리를 쳐들고 약간 의심하듯 가볍게공기를 들이마셨다. "여기는……, 뭔가……, 여기는 뭔가 있어……. 뭐지?" 그는 혼잣말을 하면서 자음을 강하게 발음했다. 가끔은 모음을 두루뭉술하게 발음하기도 했다. 보통 하노버 식으로 말할 때 그러듯이. 전쟁 중에도 우리는 지금처럼 행동하면서 도나우 강변을 따라 걸었고, 그곳에 뭔가 있지 않을까 생각했었다……. 그러나 아무것도 없었다.

나는 두 사람 곁을 따라 껑충껑충 걸어갔다. 두 사람은 스웨덴과 경치, 비행과 스톡홀름에 대해 열띤 대화를 나눴다. 우리는 공주를 가운데 두고 걸으면서, 가끔 그녀의 머리 위로 이야기를 주고받았다. 나는 우정의 깊은 욕조에서 목욕했다.

누군가에게 의지할 수 있다니! 혹시라도 직업상의 관심과 위장된 허영심을 해칠지도 모르는 말이 나왔더라도, 다른 사람을 불신하며 얕잡아 보지 않는 그런 사람에게. 속을 들키지 않으려는 생각에, 묻는 말에 대답하지 않으려 매 순간 마음을 단단히 먹는 짓을 하지 않는 사람에게, 그리고 삶과 죽음에 발을 들여놓으려고 매 순간 마음의 준비를 하지 않는 그런 사람에게 의지할 수 있다니……. 아, 사람들은 이런 것에는 절대 발을 들여놓지 않는다. 그들은 1마르크[47] 50 때문에……, 낡은 모자 하나 때문에……, 악평 때문에 서로 싸움질을 한다……. 난 세상에서 두 남자를 안다. 내가 밤중에 그들의 방문을 두드리며, 여보게들, 이러저러 해서……, 난 미국으로 떠나야만 해. 어떡하지? 라고 말한다면 그들은 나를 도와줄 것이다. 두 사람. 그중 하나가 칼헨이다. 우정, 그것은 고향 같은 것이다. 그것에 대해서는 한 번도 말을 꺼낸 적이 없다. 밤에 심각하지 않은 이야기를 나눌 때, 감정의 경쾌한 발작은 냉랭하게 퍼부어대는 다양한 욕설 속에서 질식되어 버렸다. 그건 정말 멋졌다.

---

47 마르크(Mark): 독일 옛 화폐 단위.

우리는 칼헨을 호텔에 머물게 했다. 우리 숙소에서는 묵을 데가 없어서였다. 그는 자기 방을 보더니, 악명 높은 루트비히의 침실 냄새가 난다고 했다, 전반적으로 "약간 옅게……." 그는 어떤 것에 대해서도 이런 말을 했다. 그가 이 말을 할 거라고 나는 미리 짐작하고 있었다. 그는 씻고 난 뒤, 우리랑 나무 아래 앉아서 커피를 마셨다.

"그래, 프리츠헨……?" 그가 나한테 말했다.

그가 나를 왜 그렇게 부르는지 아무도 설명할 수가 없었다.

"자네들 숙소 근처에서 수영할 수 있어? 호수는 어때?"

"보통 셀시우스 16도 아니면 20레미우스." 내가 말했다. "환시세가 그걸 결정해."

그는 이 말을 알아들었다. "근데 오늘 저녁에는 뭐 할까?"

"글쎄……." 공주가 말했다. "우리 오늘 아주 고요한 저녁을 보내 볼까요……"

"여기서 레드 와인을 마실 수 있을까?"

나는 레드 와인에 얽힌 우울한 사실을 전해 주었다. '알코올 총판장'에서 어떤 젊은 남자가 프랑스 화이트 와인 샤블리를 레드 와인 사이에서 찾던 일을 얘기해 주었다. 칼헨은 슬픈 듯 눈을 감았다.

"하지만 자네가 와인 값을 내도 돼, 칼헨. 그건 낯선 사람이 이곳에서 베푸는 일종의 취임 피로연이야."

유감스럽게도 그는 이 말을 듣지 못했다. 젊은 여성 한 명이 지나갔다. 특별히 예쁘지는 않았다.

"그래……?" 칼헨이 말했다. "뭐가……?"

그런 다음 계속 말을 했다. 마치 아무 일도 없었던 것처럼. 그리고 아무 일이 일어나지 않았기도 했다. 하지만 그는 그것을 말해야만 했다. 그렇지 않으면 그는 아마 좌절하고 말았을 것이다. 이제 우리는 서서히 합리적인 사람들처럼 행동하기 시작했다.

우리는 늘 함께 차를 타고 다녔고, 우리끼리는 많은 것을 축약해 주는 케이블 코드로 말했다. 공주는 놀라울 정도로 빨리 그 대화에 어울렸다. 물론 그것은 비밀스러운 것은 아니었다. 그저 삶에 관한 기본 질문에서 의견 일치를 보았을 뿐이었다. 우리 둘은 알고 있었다, '모든 것이 그리 대단한 것'이 아니라는 사실을……. 우리는 회의, 통찰, 불가능 그리고 시의적절한 힘에서 한 가지 태도를 만들었다. 이 태도는 많은 경우, 다른 사람들이 웅성거리며 돌아다닐 때, 우리를 침묵하게 만들었다. 그의 책임감 이외에도 이 남자의 최대 장점들은 부정적인 것에 있었다. 즉 아무것도 말하지 않는 것, 아무것도 하지 않는 것, 아무것도 시도하지 않는 것……. 신사들이 자기들의 삶은 조금도 바꾸지 않으면서, '자신들의 시대정신'에게 끔찍한 전쟁 배상금을 바치는 소리를 지껄이는, 그런 세련된 교양을 갖춘 대화, 식사 후 소화를 위한 대화 따위는 하지 않았다. 문학적 교양 같은 어리석은 소리도 하지 않았다. 그리고 죽음, 사랑, 삶, 음악같이 오스트리아 기자들이나 그와 유사한 인간들이 언급하는 빈의 경구들도 말하지 않았다…… 만일 그런 말을 들으면 누군가는 무서워 죽을 지경일 게다. 그리고 처음에는 활자로 인쇄된 그 지껄임을 믿기도 한다. 그건 전부, 전부 사실이 아니다. 칼헨에 관해 말하자면, 그는 조용한 사람이었다. 그는 세계에 불을 붙여 담배를 피우고, 어떤 것에도 경탄하지 않으며, 신사들의 서류 정원에서는 훌륭한 일꾼이고, 집에서는 아이 둘을 키웠다. 그렇다고 팍팍하게 살지는 않았다. 여기저기에서 그는 사랑과 죄악에 빠졌다. 누군가가 그에게 또 무슨 일을 저질렀느냐고 물으면, 그는 이를 갈면서 말했다. "그녀가 나를 젊음의 문턱으로 이끌었어!" 그리고 그런 일이 잠시 계속된다.

이제 그는 여기에 앉아 담배를 피며 깊은 생각에 빠져 있었다.

"우리는 야콥한테 편지를 써야 해." 그가 말했다.

야콥은 또 다른 한 명으로 우리 셋은 친구였다. 공주까지 하면 넷.

"뭐라고 쓰지?" 내가 물었다. "자네 그 친구 만났어? 함부르크를 거쳐서 왔잖아?"

그렇다. 칼헨은 함부르크를 거쳐서 왔다. 그리고 야콥을 만났다. 야콥은 우리 중에서 제일 별난 사람으로, 함부르크의 상수도과에서 일하는 질서정연한 인물이다. 그래서 그는 모든 것 중에서 달리아를 제일 좋아했다.

"달리아는 단정한 꽃이야." 그는 말하곤 했다.

그는 화려한 경쾌함에, 머릿속에는 수많은 멋진 생각을 가진 친구였다. 우리는 서로 잘 맞았다.

"공주는 갑자기 어디 간 거야?" 칼헨이 물었다.

그녀는 시내로 갔다.

"단추 사러."

우리는 절대 단추를 사러 같이 다니지 않았다. 단추 사러 간다는 말은 모든 장보기를 뜻했다. 우리가 함께 장을 보러 가면, 곧바로 싸웠다. 이제 그녀는 사라졌다. 우리는 잠시 침묵했다.

"그래, 칼헨, 그것 말고는?"

"그것 말고, 야콥은 빨아먹는 알약을 샀어. 담배를 너무 많이 피워서. 이 친구는 담배를 피우면 기침을 해. 그건 자네도 잘 알잖아. 참 끔찍한 광경이야. 그래서 그는 이제 흡연에 대항해서 한 가지 대책을 세운 거야. 그 알약은 푸마졸란이라고 해. 음."

"근데 그게 좀 도움이 돼?"

"아니, 당연히 안 되지. 하지만 그 친구 말로는, 그걸 복용하고 나서부터는 정력이 놀랍게 상승된 걸 느낀대. 엄청 불편해하고 있어. 그에게 다른 알약을 판 건 아닐까?"

야콥의 삶에서는 모든 게 그런 식이었다. 우리는 그게 정말 즐거웠다.

"엽서 한 장만 줘 봐. 우리 그 친구한테 대체 뭘……?"

나는 드디어 뭘 쓸지 생각이 났다. 우리는 그에게 전보용 카드를 보내기로 했다. 일반적인 전보를 친다면, 그를 짜증나게 하고 멋지게 분통터지게 만들겠지만, 너무 비쌌다. 우리는 이제 전보용 카드에 굉장히 급한 용무를 적었다. 오늘은 다음과 같이 썼다.

날아온 칼헨 방금 거의 완전 도착 바로 전보치고 싶은지
곧 행동개시 스톱 유감스럽게도 할머니 시소에서 떨어짐
할아버지

이 어려운 일을 마쳤다……. 이제 우리는 휴식을 취했고, 처음으로 아무 말도 하지 않았다. 그때 공주가 왔다.

그녀는 여러 가지 단추를 샀다. 여자들이 아주 작은 장소에서도 그렇게 많은 물건을 발견하는 것은 수수께끼였다. 그리고 그녀는 돈도 다 써버렸다. 나는 이마를 찡그리고 지갑을

꺼내며 잘난 척했다. 그런 뒤 우리는 나가서 잔디에 누웠다.

"자네들도" 이곳이 이미 완전히 편안해진 칼헨이 말했다. "휴식을 취하는 데 그렇게 힘이 들었어? 휴식도 일종의 일이야, 내 생각엔. 사람들은 비록 아무것도 안 해도, 계획하고 행동해. 그러고는 나중에야 알아차리는 거야, 어떻게 생각해……?"

"흠." 우리는 대답했다. 우리는 대답하기에는 너무 게을렀다. 바스락 소리가 났다.

"그 신문들 치워!" 내가 말했다.

"자네들 읽었어……?"

그가 말했다. 그리고 그것이 왔다.

시간이 왔다.

우리는 시간에서 도망칠 수 있다고 생각했다. 그렇게 할 수 없다. 시간은 뒤를 따라 온다. 나는 공주를 쳐다보고 신문을 가리켰다. 그녀는 고개를 끄덕였다. 우리는 어젯밤 그것에 대해 이야기했었다. 신문에 대해, 시간에 대해, 그리고 이 시간에 대해서……. 사람들은 가끔 사랑이 시간보다 강하다고 생각한다. 하지만 시간은 항상 사랑보다 강하다.

"읽었어……, 읽었어……." 내가 말했다. "칼헨, 근데 지금 어떤 신문을 보고 있는 거야?"

그가 신문 이름을 말했다.

"한 가지만 봐서는 안 돼." 내가 현명하게 훈계했다. "그건 안 읽는 거나 마찬가지야. 적어도 4개의 신문은 봐야 해. 그리고 유명한 영어나 프랑스어 신문 하나를 더 추가해야 돼. 외국에서는 전혀 다르게 관망하거든."

"난 항상 놀랄 수밖에 없어." 공주가 말했다. "우리 같은 사람들이 저렇게 제시된 사실을 받아들이는 걸 보면 말이야. 좀 봐요, 우리를 위한 신문은 사실 전혀 없어. 그들은 마치 우리가 엄청 많은 돈을 갖고 있는 것처럼 모두 그렇게 행동해, 젠장. 아니, 꼭 세상에는 돈이 한 푼도 없는 것처럼 굴지…… 근데 그들은 잘 알고 있어. 우리가 그저 돈이 조금 밖에 없다는 걸 말이야. 그런데도 그들은 그따위로 행동하는 거야. 그들이 우리한테 말하는 것이라니…… 그리고 묘사하는 것이라니!"

"새어나온 꿈들. 당신은 자야 해, 당신은 자야 해, 당신은 자야 해, 아가야!"

"아냐, 내 말은 그런 뜻이 아니야." 공주가 말했다. "내 말은, 그들 모두 너무나 세련되었다는 거야. 그들이 빈곤을 묘사하면, 그건 아주 세련된 빈곤이 돼. 그들은 땅 위 손바닥 넓이만한 곳에서 움찔거리지. 자, 어떤 신문이 진짜 사실을 쓴다고 치자. 사람들이 매달 20일에 받은 급여로 아주 궁색하게 한 달을 시작한다는 것, 그런 일이 때로는 정말로 비참하고 굴욕적이라는 것, 그리고 사람들이 자동차를 구입하는 것은 고사하고 자주 자동차를 즐길만한 여유도 전혀 없다는 걸 말이야. 그리고 이들의 우스꽝스러운 주택 문화……. 그런데 제대로 된 집들이 있기는 해?"

"그 사람들은 누군가의 껍데기를 벗겨버리지." 내가 말했다. "가장 나쁜 건 말이야, 그들이 질문을 하고 영향력을 확대하고 줄을 조이는 거야. 그러면 당신은 대답을 해야만 하고, 뒤쫓아야만 하고, 뛰어올라야만 해……. 당신은 당신을 위한 것은 아무것도 찾을 수 없어. 우리는 찾아내기 위해 지상에 있는 게 아냐, 만족하기 위해 여기 있는 거야. 난 진즉에 알고 있어. 하지만 사람들은 단지 맞추기 위해 십자말풀이 과제를 부여받은 거야. 즉 로마에서 과제 하나를, 러시아에서, 그리고 미국에서, 유행도, 사회도, 그리고 문학도 과제를 부여하지, 그건 신사 한 사람한테는 좀 버거워. 내 생각은 그래."

"잘 생각해 보면 말이야." 칼헨이 말했다. "사실 우리는 1914년 이후로 도대체 안정을 얻은 적이 없어. 속물의 소원인가? 나도 모르겠어. 사람은 자유를 얻으면 더 잘 발전하지. 그리고 모든 게 뒤따라 와, 모든 게 그렇게 영향을 끼쳐……. 돈이 우리한테서 빠져나가 버리고, 사람들이 독일 전체를 1000달러에 팔아버릴 수 있었을 때, 사람들의 눈 속에 비쳤던 전반적인 정신착란을 자네도 아직 알고 있지? 당시 우리 모두는 카우보이가 되고 싶어 했어. 멋진 시대였어."

"여보게, 우리는 불행해. 바보들이 문제라고 이름 붙인 그 걸 믿지 못하는 그 불행. 그게 바보들이 우리를 앞서는 명백한 장점이야. 그렇게 바보들은 스스로를 위로하지. 그건 일종의 사회 유희야."

"일, 일이 도움이 돼." 공주가 말했다.

"친애하는 공주." 칼헨이 말했다. "그대들 여성은 자신들이 행하는 것을 진지하게 생각하죠. 그게 그대들이 우리를 앞지르는 명백한 장점입니다. 하지만 사람들이 그것을 할 수 없다면……. 아무튼 이렇게 예쁜 젊은 여인이……."

"그렇게 말씀하시면 추방당하실 겁니다."라고 공주가 말했다. "저지 독일어를 알아들으세요?"

칼헨이 환하게 웃었다. 그는 저지 독일어를 하노버의 농부만큼 잘했다. 이제 두 사람은 한참 동안 낯선 언어로 떠들어댔다. 공주가 뭐라고 하는 거지? 나는 귀를 기울였다.

"당신 그건 나한테 한 번도 얘기 안 했잖아?"

"안 했어……? 그 이야기 안 했어?"

공주는 굉장히 순진한 척했다. 보통 그녀는 거짓말을 잘했다. 하지만 지금은 아주 엉망으로 거짓말을 하고 있다.

"그래서?"

총영사가 그녀와 잠자리를 하고 싶다고 했단다. 언제? 두 달 전에.

"얘기 해봐."

"그가 원했어. 그래, 당신들 남자들은 모두 그렇잖아. 죄송해요, 칼헨, 물론 당신은 제외하고요. 그가 어느 날 저녁에……. 그래 이랬어. 어느 날 저녁, 조금 더 오래 남아 일할 수 있냐고 물었어. 자기가 불러주면 내가 타이프를 쳐야할 긴 보고서 하나가 아직 더 남아있다면서. 가끔 그런 일이 있어. 나는 다른 생각은 안 했지. 그래서 당연히 남아 있었어."

"당연히……." 내가 말했다. "당신들 보통 8시간 근무잖아."

"대디, 투덜거리지 마. 우리는 당연히 8시간 근무가 아냐, 나는 8시간 근무가 아냐. 그건 내 상황에서는……."

"그 점에 대해선 우리는 절대 의견이 일치되지 않아, 할멈. 당신들 여자들은 8시간 근무가 아니지. 왜냐하면 그걸 위해 싸우지 않았거든. 그리고 당신들은 싸우지 않아. 참, 난 지금 휴가야."

"이런 일에도 휴가가 있어?" 칼헨이 말했다.

"아무튼", 공주가 계속 이야기했다. "보고서. 그게 끝나고 난 뒤 사장은 방 한가운데 서 있었어. 칼헨, 아세요, 사장은 엄청나게 뚱뚱해요. 그가 방 한가운데 서서 나를 아주 이상한 눈으로 쳐다보더니 말하는 거예요. '근데 남자 친구 있어요?' 나는 '네' 하고 말했죠. '아, 저기, 남자 친구가 없다고 생각했거든요.' '왜 없다고 생각하세요?'라고 내가 말했어요. '그렇게 보이지는 않아요, 그러니까 내 말은…….' 네, 그러면서 그는 천천히 말을 꺼내기 시작했어요. 그는 아주 외롭다, 내가 알다시피……. 현재로는 그는 아무도 없다, 오래 사귄 여자 친구가 있었는데 그녀가 언놈과 떠나버렸다."

칼헨은 그런 일이 어떻게 가능하냐는 듯 머리를 걱정스레 저었다.

"그래, 당신은 뭐라고 했어."

"당신, 이 늙은 원숭이 같으니, 난 '아니'라고 했지."

"아하?"

"아하! 내가 '그래'라고 말해야 했었나?"

"그래, 누가 알아! 좋은 지위……. 들어봐, 내가 영화를 한 편 봤는데……."

"칼헨, 이 사람은 영화를 보며 교양을 쌓아요. 당신이라면 당신 사장과 뭔가를 시작하겠어요?"

칼헨은 자신의 사장과 결코 어떤 것을 시작하지 않을 거라고 했다.

"그런 건 다 웃기는 일이에요." 공주가 말했다. "남자들은 그걸 이해 못해요. 도대체 그것에 대해 뭘 알겠어요? 내가 그의 아내라도 된 듯 그의 걱정을 나눠야 하고, 그의 비서처럼 일해야 하고, 그리고 증권거래소가 안정되면 그는 어느 날 다른 여자와 함께 방 한가운데 서서, 그 여자한테 남자친구가 있냐고 묻겠죠……. 아, 귀찮아!"

"그래, 내 생각은 전혀 안 했어?" 내가 말했다.

"안 했어." 그녀가 말했다. "그 남자한테 관심이 있다면, 그때야 당신 생각을 하지."

그리고 우리는 일어나서 호숫가로 갔다.

성은 묵직하고 고요하게 잠들어 있었다. 사방에서 물 냄새, 햇볕에 오래 놓여있던 나무 냄새, 물고기 냄새와 오리 냄새가 났다. 우리는 호숫가를 따라 걸었다.

나는 이 두 사람을 즐겼다. 한 명의, 아니 두 명의 친구였다. 나는 평소에는 거의 늘 그랬지만, 이번에는 남자에게 여자를 팔아버리지 않았다. 여기 함께 이야기를 나눌 만한 남자가 있으면, 나는 여자를 그냥 내버려둔다. 마치 내가 그녀와 잔적이 없다는 듯이. 나는 그녀를 포기하고, 더 이상 그녀를 신경 쓰지 않고, 첫 번째 괜찮은 남자에게 완전 비겁하게 그녀를 넘겨버린다. 그러고 나서 그녀를 놓아준다. 그런 뒤에는 스스로 놀란다.

칼헨과 공주, 두 사람은 자신들의 사투리로 자기들 고향에 대해 마음을 털어놓고 이야기했다. 그들은 어디에서 R을 발음을 하고, 어디에서 하지 않는지 이야기했다. 또 자신들의 욕설 목록을 보충했다. 이 두 사람은 그것이 무엇인지 잘 알고 있었다. 그것은 저지 독일어였다. 유감스럽게도 독일어가 선택하지 않은 길이었다. 이 언어에서는 모든 게 얼마나 더 힘차고, 더 구상적이며, 더 간단하고 명료한지. 그리고 독일인이 갖고 있는 가장 아름다운 연애시들은 이 언어들과 관련이 있었다. 그리고 사람들……. 거기 옛 저지 독일에, 특히 발트 해 연안에는 어떤 집들이 있었던가, 기이함과 친절과 음악으로 된 꿈의 세계, 딱 한 번만 존재했던 사람들의 딱정벌레 수집……. 이들 중 많은 것들은 이제 멍청한 향토 시인의 손에 떨어졌다. 악마가 물어갔으면 좋을 그 사람들은 외적으로는 선량한 시민들이었다. 그들의 수염 아래서 그로그 술이 모락모락 김을 냈고, 그들은 자신들의 옛 언어가 갖고 있던 힘찬 남성성을 편안함이라는 불길한 죽 속에 때려 눕혔다. 바다에 남겨진 산림감독관들처럼. 많은 사람들이 수염을 밀어버리고는, 이제 자신들이 오래된 목판화처럼 보인다고 생각한다. 하지만 그건 그들에게 아무 도움이 안 된다. 그들에겐 숲이 바스락 거리는 소리도, 바다의 쏴쏴 거리는 소리도 들리지 않는다, 그들에게는 수염이 버스럭 거리는 소리만 들린다. 그들이 약간 당황하여 새로운 시대를 응시하고, 정치적 숙적과 맞닥뜨리는 순간, 바로 그때 그들의 선량한 본성은 사라진다. 그러면 그들 내면에 존재했던 것이 빛으로 기어 나온다. 그것은 소시민성이다. 그들의 심장이 그물셔츠 아래에서 뛴다, 군사 퍼레이드의 리듬에 맞추어.

그건 우리 저지 독일어가 아니다, 그건 아니다.

저지 독일은 죽지 않는다. 그 지역의 언어는 살아있고 영원히 살 것이다, 이 나라가 존재하는 한. 이와 비슷한 경우는, 독일 영역 밖에서 단 한 번 있었지만, 지배 계층이 아닌, 봉사 계층의 어깨에 놓여 있었다. 쿠를란트[48]에서였다. 하지만 저지 독일 사람은 다르다. 그들은 자신들의 언어를 신중하게 사용한다. 그리고 그 언어는 훌륭하다. 두 사람은 이것에 대해 이야기하고 있었다. 나는 안다. 공주가 갖고 있는 가장 좋은 점은 바로 이 토양에서 기인한 것이다. 그리고 나는 그녀 안에 있는 이 땅의 한 부분을 사랑한다. 이 땅은 어떤 사람한테는 이 땅을 사랑하는 것을 그렇게 어렵게 만든다. 이 땅의 어찌할 바를 모르는 영혼들은 미움 받는 것을 일종의 영예로 생각한다. 그때 그 시간이 되었다, 그때 다시 그 시간이 되었다. 아니다, 우리한테는 휴가가 없었다.

두 사람은 계속 방언으로 말하고 있었다. 각자 자신의 저

---

48 쿠를란트(Kurland): 라트비아의 역사적 지역 가운데 하나로 현재의 라트비아 서부에 위치한다(라트비아어: Kurzeme 쿠르제메, 독일어: Kurland). 이 지방은 원래 라트비아인들의 주거지였지만, 13세기 초부터 독일 기사단들에게 정복된 이후부터 1237년에 독일 기사단령이 되었다. 이 상태가 중세까지 계속 되었기 때문에 지배자는 독일인(특히 발트 독일인이라고 한다), 피지배자는 라트비아인이라고 하는 독특한 사회구조가 이루어졌다.

지 독일어만 옳고 아름다운 것이라고 찬양하면서, 다른 사람의 방언은 아주 잘못된 것이라고 우기고 있었다. 이제 두 사람은 옛날이야기를 주고받았다.

공주는 제화공 하겐에 대해 얘기했다. 사무관이 그에게 건배를 들었다.

"새해 복 많이 받으십시오, 마이스터!"

그러자 인사를 받은 사람도 온 시장터가 울리도록 존경을 가득 담아 외쳤다.

"당신도요! 당신도요! 사무관님!"

공주는 시장 하허 이야기도 했다. 그는 황소를 박람회에 내놓고 이렇게 말했다.

"난 이걸 돈 때문에 하는 게 아니오. 치욕 때문에 하는 거요!"

그리고 다시 칼헨 차례였다. 첼레[49] 전체에서 가장 호기심이 많은 소녀들인 되르텐, 마틸데, 조피가 그에게 물었다. 아침마다 늘 거리를 가로질러가는 젊은 남자가 누군지. 칼헨은 그들에게 대답해 줄 수가 없었다. 그런 뒤 그는 밤중에 그 소녀들을 깨웠다. 어려운 일은 아니었다. 그녀들은 일층에 살기 때문이었다. 그녀들, 셋 모두가 깜짝 놀라 창문가로 왔을 때,

---

49 첼레(Celle): 독일 니더작센 주에 있는 도시.

그가 말했다.

"아가씨들한테 꼭 이걸 말하려고 왔어요. 오늘 아침 그 신사는 경건한 책들을 파는 사람이었어요."

이 말을 마치고 칼헨과 공주는 아름다운 노래들을 불렀다. 하나가 끝나면 또 하나를. 공주가 노래했다.

"시나이의 산, 그곳에 술고래가 앉아 있었네,
먹을 게 아무것도 없으면……."

"칼헨, 잠깐 눈을 붙이는 거 어때요, 오늘 오후에?" 그녀가 갑자기 물었다. 칼헨은 막 노래를 시작한 참이었다.

그녀는 화려하게 줄무늬 진 옷을 입었네,
오늘 내 돈이 아깝네-

"싫어요." 그가 말했다. "오늘 오후에 멋진 산책을 합시다. 뚱보한테는 그게 좋아요. 그리고 산책을 하고 나면 밤에 더 잘 잘 수 있어요."

뚱보는 나였다. 그의 눈길이 친절하게 나를 스쳤다. "자네들 젊은 친구들을 바라보고 있으니……. 자네들은 휴가를 잘 보내고 있군!"

우리도 그렇게 생각했다. 나는 입을 다물고 두 사람 곁에서 뒤뚱뒤뚱 걸었다. 젊은 행복을 방해해서는 안 되기 때문이었다.

그가 그녀를 원했나?

당연히 그는 그녀를 원했다. 하지만 우리 사이에서 이건 규칙이었다, 토템이고 금기였다……. 우리가 어떤 별자리에서 태어났는지 우리는 몰랐다. 하지만 아마 같은 별자리였을 것이다. 서로의 여자들, 절대. 우리는 이 일을 다음과 같이 이성적으로 처리했다.

"자네 애인이라…… 그러니까 그녀를 보기는 하지만, 정말 축하해!"

그리고 나는 다시 느꼈다, 그 수많은 세월 속에서 100번째로, 이 우정에서 말하지 않은 것, 우정이 놓여 있는 그 기반을. 나는 그의 행동의 근원을 알고 있었다. 나는 알고 있었다. 왜냐하면 나도 그걸 함께 지켜보았기 때문이었다. 이 사내는 모든 걸 경험했다.("내 머리 위로 너무 많은 것이 휙휙 지나가버렸어"라고 그는 말하고는 했다.) 나는 그의 무제한한 자기 통제를 보았다. 그것이 안 될 때는, 용기를 잃지 않을 줄도 알았다. 가끔, 내가 더 이상 아는 게 없을 때는, 칼헨이라면 지금 어떻게 할까? 하고 생각했다. 그러면 잠시 또 괜찮아졌다. 진정한 남자의 우정……. 그것은 빙산과 같다. 전체의 1/4만 물

위로 보인다. 나머지는 물속에서 헤엄친다. 그것을 볼 수는 없다. 야단법석, 야단법석은 그것이 진실의 기반 위에 있을 때만 아름답다.

"저지 독일어로 설교하기. 아니, 아니오."라고 칼헨이 방금 말하는 게 들렸다.

"무슨 말씀을, 칼헨." 공주가 말했다. "왜 안 돼요? 농부들은 그걸 훨씬 더 잘 이해해요. 물론 당신네의 저지……. 하지만 우리 저지 독일어는……."

"아름다운 아가씨", 칼헨이 말했다, "그렇지 않아요. 물론 농부들은 그걸 이해해요. 하지만 그렇기 때문에 그들은 이 언어를 좋아하지 않아요. 그들은 교회에서 자신들이 쓰는 일상 언어를 듣고 싶어 하지 않아요. 이런 언어에 대해서는 존경심을 표하지 않아요. 그들이 마구간에서 사용하는 언어에 뭐가 있겠어요? 그들은 다른 것, 특이한 것, 멋진 것을 원해요. 그렇지 않으면 실망하고, 목사가 꽉 찼다고 생각하지 않아요. 그래요, 이제 그럼 우리 셩통으로 가죠……. 프리츠헨, 자네 아직도 그걸 알고 있지?"

그걸 아냐고! 그것은 루마니아 출신의 페트코프 씨였다, 우리가 함께 했던 루마니아 전쟁터에서 나온 말이었다. 페트코프 씨는 얘기해 주는 걸 좋아했는데, 핵심이라고는 하나도 없는 게 특징이었고, 얘기들은 모두 사창가에서 끝을 맺었다.

"그가 나한테 말했어. 페트코프, 이 자식아, 이리 와, 성통으로 가자!"

근데 그게 뭔지 공주가 알고 싶어 했다.

칼헨이 시범을 보였다. "페트코프는 말을 하면서 허벅지를 쳤어요. 여기도 여자, 저기도 여자……."

"칼헨", 공주가 말했다, "그러면 내 얼굴이 빨개지잖아요!"

"그는 여자 친구가 한 명 있었어요, 그 페트코프는. 그 여자는 그를 만나기 전에 13명의 애인이 있었죠."

"13명의 애인이라." 공주가 칭찬했다. "그러면 지나쳐간 남자는 몇 명이나?"

우리는 함께 걸어갔다. 그때 공주가 분을 바르기 위해 멈췄다.

"어떻게 이 탁 트인 자연에서 화장을 할 수 있는지, 이해가 안 되네?" 내가 말했다. "공기가 ……, 얼굴 피부가……."

"당신은 노벨상을 탈거야, 시끄러워." 그녀가 말했다.

"들어봐, 내가 당신한테 진실로 말하는데……."

"대디, 남자들은 그걸 절대 이해 못해. 근데 우리는 정말 잘 이해하지. 각자 자기 상태를 말이야, 친애하는 대디. 당신은 화장을 하지 않고, 나는 화장을 즐겨. 그런 거야!"

이제 우리는 벤치에 앉았다.

나는 투덜거렸다. "They are all the same……."

바이런의 이 문장이 나의 어설픈 영어 언어 창고를 채우고 있었다.

"공주한테 좀 친절해봐!" 칼헨이 말했다.

그러자 공주는 감동했고, 그에게 친절하게 고개를 끄덕였다.

"그렇죠?

"자기 약혼자를 마누라로 만드는 사람은, 마누라도 약혼자로 만들어야 해!"

"그럼 자네들 서로 키스해!" 내가 말했다.

그들은 그렇게 했다.

"공주한테 좀 친절하게 굴어!"

칼헨이 한 번 더 말했다. 그는 지나쳐가는 사람이었다. 지나쳐가는 사람들은 언제나 부드럽고 현명하며, 모든 것에 대해 선량하고 현명한 말을 할 수 있다. 그리고 지나쳐간다. 우리, 남아 있는 우리는……. 하지만 바로 그때 이 작은 구름이 지나갔다. 왜냐하면 칼헨이 재치 있는 말을 했기 때문이었다.

"우리 고향에서는 늘 이렇게 말해. 결혼에는 벌거벗은 네 다리가 침대로 들어가는 것 이상의 무엇이 있다고."

"칼헨." 내가 직설적으로 물었다. "우린 어떻게 될까? 내 말은……. 후에……. 나이가 들어서……?"

그는 곧바로 대답하지 않았다. 대신 공주가 말했다.

"대디, 우리가 뤼벡에서 봤던 시계 말이야. 그때 그 옛날 시계를 살 수가 없었지. 거기 뭐라고 적혀 있는지 알아?"

"그래." 내가 말했다. "이렇게 씌어있었지. 시간이 말하게 내버려두라."

나는 그녀를 바라보았다. 그녀가 눈길을 되돌려 주었다. 우리는 눈길을 주고받으며 손을 잡았다. 그녀는 내 곁에 있었다. 그녀가 내 곁에 있는 건 당연했다. 그녀는 나를 배려했다.

우리가 집으로 돌아왔을 때, 공주에게 보낸 당근, 파슬리, 샐러리의 큰 다발이 놓여 있었다. 그것은 칼헨이 보낸 것이었다. 사랑을 할 때면, 그런 식으로 그는 사랑하기 때문이었다.

2

"저걸 원장님이 보셔야 해!" 하녀 에마가 말했다. "원장님은 오늘 그야말로 기분 제대로거든!" 네 명의 어린 소녀들의 웃음이 뚝 그쳤다. 한 아이가 자기들이 막 던져버린 책들을 주우려고 수줍게 몸을 숙였다. 동프로이센에서 온 뚱뚱한 하네가 물어보기 시작했다.

"뭔데? 원장님이……?"

"좋아, 해 봐라!" 하녀는 이렇게 말하고는 고소해하며 웃었다. "너희들 그래 보게 될 거다!"

그러고 나서 급히 자리를 떴다. 네 명의 아이들은 잠시 함께 서 있다가 복도에서 서둘러 헤어졌다. 하네가 맨 끝이었다.

아래층에서 아드리아니 부인의 날카로운 음성이 울릴 때, 하네는 벌써 침실의 문을 열고 있었다. 침실에서는 다른 애들이 서서 자신들의 침실 용품을 찾아 모으고 있었다. 얼마나 크게 소리치기에, 그렇게 목소리가 또렷하게 들렸을까! 소녀들은 마치 왁스로 만든 인형처럼 서 있었다.

"그래? 아! 네가 그걸 몰랐다고! 착한 리스헨이 그걸 몰랐어! 자기 사물함을 열어두지 말라고 내가 벌써 골백번 말하지 않았니? 뭐라고! 어째?"

마치 솜으로 된 상자 속에서 나오는 것 같은 아주 낮은 울음소리가 들렸다. 위층에서 아이들은 서로 바라보고 숨을 제대로 못 쉬며, 함께 불안에 떨었다.

"이 망할 계집애야!" 멀리서 울리는 목소리가 그렇게 말했다. "이 못된 계집애야! 뭐라고? 사물함이 저절로 열렸다고? 그래, 그게⋯⋯. 그리고 여기 이건 뭐야? 어쨌다고? 도대체 언제부터 음식을 옷 사이에 보관하고 있었어? 어째서? 이 악당아! 내가 너한테⋯⋯."

이제 울음소리가 더 커졌다. 분명히 들릴 만큼 커졌다. 때리는 소리는 들을 수 없었다. 아드리아니 부인은 때리거나 하지는 않았다. 그녀는 꼬집었다.

"여기, 그리고 저기, 그리고 지금, 난 너희 모두를……." 아주 억센 소리가 들렸다. "모두 아래로 내려와! 식당으로!"

위층에 있던 왁스 인형들에게 생명이 돌아왔다. 그들은 자신들의 침실 용품을 침대에 내던졌다. 그들은 갑자기 얼굴이 새빨개졌다. 한 아이, 언제나 얼굴이 창백한 게르티의 눈에 눈물이 고였다. 갑자기 목소리가 더 또렷이 들렸다.

"내려 와! 빨리!"

그러자 아이들은 아래로 내려갔다. 거의 달려 내려갔다. 입을 다물고.

모든 문에서 소녀들이 나왔다. 그들은 놀란 얼굴을 하고 있었다. 한 아이가 낮게 물었다.

"왜 그러는데……."

그러자 곧바로 다른 아이들로부터 조용히 하라는 주의를 받았다. 천둥번개가 칠 때는 입을 다물고 있는 게 상책이었다. 계단 위를 총총 걸음으로 걷는 소리가 들렸다. 걸음들, 덜커덩 소리, 문이 삐걱거리는 소리……. 이제 식당은 꽉 찼다. 끝으로 아드리아니 부인이 붉은 구름처럼 들어왔다, 울고 있는 리사 베디겐을 잡고.

부인의 얼굴은 빨갰다. 그녀의 삶의 모터가 작동되고 있었다. 이런 흥분 상태에 있으면 그녀는 두 배로 활기를 띠었다.

"모두 왔어?"

그녀의 눈길을 받은 사람마다 자신을 보고 있다고, 자신을 염두에 둔 거라고 생각하게 만드는 그런 눈길로 부인은 소녀들을 훑어보았다. 그러고 나서 엄격하게 말했다.

"리사 베디겐이 음식을 훔쳤다!"

"저는⋯⋯." 그 소녀가 하고 싶었던 말은 울음으로 막혀버렸다.

"리사 베디겐이 도둑질을 했다. 우리들의 음식을 훔쳤다." 아드리아니 부인이 강조하며 말했다. "훔쳤다. 그리고 그걸 자기 사물함에 감췄고. 당연히 사물함은 도둑의 사물함처럼 뒤죽박죽이었지. 옷은 음식으로 더러워졌고, 사물함 문은 열려있었다. 듣고 싶지 않은 사람은 느껴야 한다. 내가 처음에 뭐라고 했는지 너희들은 잘 알 거다. 만일 이곳에서 누군가 잘 못을 하면, 모두가 벌을 받는다. 이건 공정해. 나는 너희들한테⋯⋯! 자, 오늘 저녁 리사에게 저녁밥은 없다. 앞으로 8일 동안 우리랑 산책을 가지 못한다. 방에 남아 있어야 한다. 아침에는 밥을 절반만 받는다. 오늘 수영은 취소다. 모두 쓰기 연습을 해라. 특히 리사는 성경의 4장을 베껴 써라. 너희 모두는 타락한 불량자들이야! 방으로 가! 앞으로."

입을 다물고 불안해하며 무리는 두 개의 문을 통해 하나둘 방 밖으로 나왔다. 많은 아이들이 의미심장하게 서로를 바라보았다. 이런 것에 이골이 난 애들은 팔을 흔들며, 아무것도 개의치 않고 반항적으로 행동했다. 두 명이 울었다. 리사 베디 겐이 훌쩍거렸다. 리사는 아무도 보지 않았고, 누구도 리사를 보지 않았다. '그 애'는 위를 올려보았다.

벽에 걸려 있는 한 장씩 뜯어내는 커다란 달력은 27일이었 다. 검은 27일. 그 애가 다른 아이들이랑 같이 문으로 들어왔 을 때, 맞바람이 쳐서 달력 종이들이 펄럭였다……. 그렇게 많 은 종잇장들, 그렇게 많은 날들. 그리고 이 종잇장들이 다 뜯 겨지면, 아드리아니 부인은 새 달력을 걸 거다. 그 애의 눈길 이 복도 벽에 걸려 있는 구스타프 아돌프[50]의 초상화에 닿았 다. 그는 좋겠다. 그는 여기 있지만, 여기 있는 게 아니었다. 그 에게 그들은 아무 짓도 하지 않았다. 인간이 물체에 아무 짓도 안하는 건 이상한 일이다. 그 애는 생각했다. 만일 또 한 번 이 러면, 난 달아날 거야, 이 집에서 도망칠 거야…….

방에서는 조용하지만 부산스럽게 일이 처리되고 있었다. 수영복과 수건들이 치워졌고, 떨리는 손들은 서랍들을 열어 그 안을 뒤적였다. 낮게 속삭이는 한마디가 이 소음을 중단 시켰다.

---

5 0   구스타브 2세 아돌프(스웨덴어: Gustav II Adolf, 1594-1632): 스웨덴의 국 왕(재위: 1611-1632). 스웨덴을 강국으로 만든 왕으로 '북방의 사자' 또는 '설왕 (雪王)'이라 불렸다. 라틴어식 이름인 구스타부스 아돌푸스로도 널리 불린다.

아래층 식당에는 아드리아니가 서 있었다, 혼자.

그녀는 숨을 가쁘게 쉬었다. 처음에는 냉정했지만, 점점 분노에 빠져들었다, 그녀가 생각하듯 교육적 목적을 위해. 그런데 지금은 화가 나 있었다. 정말로 화가 났기 때문이다. 조금 전 장면을 생각하자, 강한 분노가 수그러들었다. 그렇게 주의를 집중했던 관객들이 있었던 것이다……. 모든 일에서 관객을 갖는 것이 중요했다. 그녀는 주위를 둘러보았다. 이곳에 있는 모든 것을, 담의 회반죽까지, 창문 틈새의 접착제까지, 리놀륨 바닥과 돌쩌귀까지. 모든 것은 다 숫자로 세어졌고, 조사되었고, 기록되었으며, 감독되었다. 이곳에서 그녀의 지배 아래 있지 않은 것은 없었다. 그녀는 만일 자신이 타오르는 난로를 째려보면, 그것까지도 불꽃을 낮추는 것 같은 기분을 느꼈다. 이곳은 그녀의 제국이었다. 그래서 아드리아니 부인은 아이들과 밖으로 나가는 것을 좋아하지 않았다. 할 수만 있다면 아이들의 산책하는 즐거움을 망쳤다. 왜냐하면 자연은 그녀 앞에서 언제나 말없이 서 있었기 때문이다. 그녀의 의지는 넓은 시골집 전체에 미친 듯 휘몰아쳤다. 그녀한테는 이 집이 보통 집이 아니었다. 이곳은 전제군주의 제국이며, 작은 세계 그 자체였다. 그녀의 세계였다. 그녀는 아이들을 반죽 주무르듯 했다. 날마다 40명의 아이들, 일꾼들, 조카들을 자기 마음에 맞게 빚었다. 그녀의 남편은 여기

속하지 않았다. 이렇게 사람들과 함께 그녀는 생동감 있는 놀이, 고통스러운 놀이, 즐거운 놀이를 벌였다. 그리고 언제나 다른 사람들을 진 빠지게 했다. 그리고 언제나 이겼다. 그녀의 성공의 비밀은 비밀이 아니었다. 그녀는 늘 성공을 믿었고, 농부네 집의 짐마차 말처럼 일을 할 수 있었고, 자신을 위해 감정을 저축했다.

그녀는 자신이 독특한 존재라고 생각했다, 아드리아니 부인은. 그러나 그녀와 형제자매라고 할 만한 사람들은 많았다.

3

찬란한 여름날이었고, 우리는 아주 기뻤다. 아침에 갑자기 구름이 걷혔다. 이제 바람은 누그러졌다. 그리고 크고 흰 솜뭉치들이 푸른 하늘 높은 곳에서 빛나고 있었다. 그것들이 하늘 절반은 열어놓아, 하늘이 검푸른빛을 내게 내버려 두었다. 그리고 그곳에 해가 기뻐하며 비치고 있었다.

"우리 오늘도 낮잠을 자지 말자." 칼헨이 말했다.

그는 이상하게 점심 식사 후에 자려들지 않았다.

"자는 대신 들판으로 나가자. 영차!"

벌떡 일어나, 밖으로. 농부들이 지나갔다. 우리는 인사했다. 그들은 우리가 알아듣지 못하는 말을 했다.

"스웨덴어 배우지 마!" 공주가 말했다. "어떤 나라말을 완벽하게 할 줄 알면 더 이상 재밌지 않아. 지식의 나무가 항상 인생의 나무는 아니거든."

"뤼디아", 내가 말했다. "우리 보육원 근처로 가보자!"

그래서 우리는 갔다.

호수 주변의 포장된 도로를 따라갔다. 한 번은 자동차가 우리 쪽을 향해 비틀거리며 왔다. 다른 말로는 표현할 수 없을 것이다. 자동차가 정말 지그재그로 달려왔다. 젊은 남자가 운전대 앞에 앉아 있었다, 초보자가 운전대 앞에서 짓는 미련하게 긴장된 얼굴로. 그는 주의, 경련, 두려움의 총체였다. 교사가 그의 옆에 앉아 있었다. 우리는 옆으로 펄쩍 뛰었다. 그 젊은이가 어쩌면 방금 본 개미처럼 우리 셋을 칠 것이기 때문이었다. 그리고 나서 우리는 길을 벗어나 숲으로 들어갔다.

스웨덴에 있는 길들은 집이 있는 작은 지역들을 가끔 통과한다. 울타리 문은 열려있다, 사람들이 마당을 지나가게 된다. 그곳에 작은 집들이 서 있었다, 조용하고 깨끗하게……

"봐, 저게 보육원인 것 같아!" 칼헨이 말했다.

작은 언덕 위에 옆으로 길게 뻗은 집이 놓여 있었다. 그게 분명했다. 우리는 천천히 다가갔다. 아주 조용했다. 우리는 서 있었다.

"피곤하지?"

우리는 잔디 위에 앉아 쉬었다. 오래, 아주 오래.

갑자기 집 안에서 문 하나가 쾅하는 소리를 냈다. 마치 총소리 같았다. 고요. 공주가 고개를 들었다.

"우리 그 엄한 원장을 보게 될……."

나는 말을 끝까지 하지 못했다. 집의 옆쪽에 있는 작은 문이 열렸다. 작은 소녀 하나가 밖으로 뛰어 나왔다. 그 아이는 눈 먼 사람처럼 뛰었다. 아니다, 한 마리 작은 짐승 같았다. 발이 어디를 밟는지 볼 필요가 없었다. 본능이 아이를 몰아댔다. 아이는 처음에는 잠시 곧바로 뛰더니 위를 올려보았다. 그리고 굉장히 빠른 동작으로 방향을 바꾸어 우리 팔 안으로 뛰어들었다.

"그래……, 그래." 내가 말했다.

아이는 긴 잠에서 깨어난 듯 올려다보았다. 아이의 입이 열렸다가 다시 닫혔다. 입술이 떨렸다. 아이는 아무 말도 안 했다. 이제 나는 그 애를 알아보았다. 우리가 산책할 때, 다른 아이들이랑 같이 있는 그 애랑 마주친 적이 있었다.

"그래……?" 공주가 말했다. "바쁘구나……. 어디 가려고? 놀러?"

그러자 작은 소녀는 고개를 숙이고 울기 시작했다……. 나는 그런 울음을 이제까지 한 번도 들어본 적이 없었다. 여자들은 고통이 있으면 우리 남자들보다 덜 서정적이다. 그래서 더 잘 도와준다. 공주가 몸을 낮췄다. "왜……, 왜 그래", 하면서 아이의 눈물을 닦아 주었다. "무슨 일이야? 누가 널 어떻게 했니?"

아이는 훌쩍였다. "나는……, 그 여자가……, 나는 벌써 한 번 도망쳤어요……. 오늘……, 원장님이……, 리사 베디겐이 도둑질을 했어요……. 그 여자는 나를 때리려고 해요, 우리를 다 때리려고 해요, 나는 오늘 먹을 것을 못 받아요. 난 엄마한 테 가고 싶어요! 엄마한테 가고 싶어요!"

"엄마가 어디 있는데?" 공주가 물었다.

아이는 대답하지 않았다. 그 애는 걱정스레 집 쪽을 바라 보고 움직였다, 달아나려는 듯.

"자, 잠깐만 있어 봐. 이름이 뭐니?"

"아다예요." 아이가 대답했다.

"그리고 또?"

"아다 콜린."

"엄마는 어디 계셔?"

"엄마……" 아이가 말했다. 그리고 알아듣지 못한 뭔가를 말했다.

"엄마도 여기 사셔?"

아이는 고개를 저었다.

"그럼 어디?"

"스위스. 취리히에……."

"그래서?" 내가 물었다. 이렇게 멍청한 질문은 남자들만 할 수 있다. 아이는 올려다보지 않았다. 아이는 질문을 전혀 이해하지 못했던 것이다. 우리는 어찌할 바를 모르고 빙 둘러서 있었다.

"왜 도망치려고 하니, 좀 제대로 얘기해봐. 다 얘기해봐." 공주가 다시 시작했다.

"아드리아니 부인이 우리를 때려요……. 오늘은 우리한테 밥을 안 줬어요……. 엄마한테 갈래요……. 난 엄마한테 갈래요……!"

칼헨은 늘 그렇듯 날카롭게 빨리 생각했다.

"엄마가 어디 사시는지 우리한테 적어 줘." 그가 말했다.

"말해봐." 공주가 물었다, "엄마 어디 사시니?"

아이는 딸꾹질을 했다. "취리히에."

"그래, 근데 그곳 어디……?"

"어……, 어……, 그 여자가 와요, 그 여자가 와요!" 아이는 이렇게 외치며 몸을 뺐다.

우리는 아이를 꼭 붙잡고 위를 쳐다보았다. 문이 열렸다. 그 문에서 붉은 머리카락의 여인이 빠르고 기운차게 나왔다. 그녀는 급히 우리 쪽으로 왔다.

"아이랑 뭐 하는 거예요?" 인사도 없이 그녀가 물었다.

나는 모자를 벗었다. "안녕하세요." 내가 정중하게 인사했다.

그녀는 나를 본 척도 안 했다.

"걔랑 무슨 일이에요! 아이가 댁들한테 뭘 하는 거죠?"

"이 아이가 집에서 여기로 뛰어 나오더니 울었어요." 칼헨이 대답했다.

"그 애는 가출한 아이고 쓸모없는 애예요. 오늘 벌써 한 번 도망쳤어요. 아이를 이리 주세요. 그리고 댁들과 상관없는 일에 신경 쓰지 말아요!"

"진정, 진정하세요." 내가 말했다. "아이가 심하게 울었어요. 댁이 애를 때렸다고 하는군요."

그녀는 싸울 태세로 내 얼굴을 빤히 쳐다보았다.

"내가요? 난 애를 때리지 않았어요. 이곳에서는 어떤 애도 맞지 않아요. 나는 그 애한테 부모의 권한을 갖고 있어요. 그 권한을 서류로 갖고 있어요. 대체 무슨 생각을 하는 거예요? 나는 훈육과 질서를 유지하고 있어요. 내 애들을 선동하지 말아요! 여긴 내 집이에요!"

그녀가 갑자기 크게 소리치며 건물을 가리켰다.

"그럴 수도 있겠죠." 내가 대답했다. "하지만 이곳은 뭔가 이상하군요. 아이는 잔뜩 겁에 질려서 거기서 도망쳐 나왔고……"

그녀는 아이 손을 잡아채고는 나를 째려보았다. 그녀의 초록빛 눈에서 불꽃이 일렁이고 있었다.

"이제 가자." 그녀가 아이한테 말했다. "당장! 그리고 댁들도 가요! 얼른!"

"우리한테 좀 더 정중하게 말씀하시면 좋겠어요."라고 칼헨이 말했다.

"댁들이랑은 아예 말을 안 하겠어요." 그 여자가 말했다.

공주는 몸을 구부렸다. 창백해진 아이의 눈물을 닦아주었다.

"아이랑 뭘 속닥이는 거예요?" 그 여자가 소리쳤다. "아무것도 속닥거려서는 안 돼요! 댁은 그 애한테 책임이 없어요. 내가 책임자예요! 내가 이곳 원장이에요. 나! 내가요!"

눈 속의 작은 불꽃……. 그 사람에게서 열기가 발산되었다.

"저 여자를 그냥 두는 게 좋겠어." 칼헨이 말했다.

그 여자는 다시 한 번 아이를 끌어당겼다. 물건을 끌어당기듯 했다. 아이를 생각해서 그러는 건 아니었다. 아이에 대한 자신의 지배력을 생각하는 것이었다. 아이는 새파랗게 질려 있었다. 그녀는 아이를 자기 뒤로 잡아끌었다. 아무도 말하지 않았다. 지금 그녀는 집 앞에 있었다. 나는 저지하려는 듯한 행동을 하다가 말았다……. 그 여자와 아이는 큰 문을 지나 사라졌다. 문이 닫히고 열쇠가 덜그럭 거렸다. 끝났다.

우리는 그곳에 서 있었다.

"굉장하군……." 칼헨이 말했다.

공주는 손수건을 치웠다. "당신들 모두 대단한 당나귀들이에요." 그녀가 단호하게 말했다.

"그래." 내가 말했다. "근데 왜?"

"이리로 와요."

우리는 숲으로 조금 들어갔다.

"당신들……", 공주가 말했다. "우리는 여기서 전쟁할 수는 없어요. 나도 물론 그건 잘 알고 있어요. 하지만 우리가 아이를 도울 수는 있잖아요, 안 그래요? 자, 엄마 이름이 뭐라고 했죠?"

"콜린, 콜린 부인." 내가 아주 당당하게 말했다.

"좋아, 그럼 당신은 어떻게 아이를 도울래?"

그래, 그 말이 맞다. 우리는 주소를 몰랐다. 취리히……, 취리히……. 아이가 아까 뭐라고 말했더라?

"내가 아이한테 작은 소리로 말했어." 공주가 계속 했다. "우리가 30분 뒤에 이 집으로 올 거라고. 종이쪽지에 주소를 적어서 우리한테 몰래 달라고 했어. 근데 성공할 거라고 보장은 못해. 그 불쌍한 아이는 너무 겁에 질렸어. 좋아……, 우리 한번 두고 보자……. 아니, 저 여자는 용이야! 정말 성질머리가 고약해! 불을 뿜어내!"

"굉장한 여자야!" 칼헨이 말했다. "누군가는 그 여자랑 결혼하고 싶을 거야. 그러니까 내가 의미하는 것은……, 내가 의미하는 바는……."

"우리 잠깐 풀밭에 눕자." 공주가 말했다.

우리는 풀밭에 누웠다.

"칼헨, 자네 봤어, 그 할멈 머리털이 정말로 곤두섰어! 나는 그런 건 본 적이 없어……." 내가 말했다.

"사람들이 그 엉덩이에다 내키는 대로 화장을 할 수도 있겠어. 제대로 된 얼굴이 될 수는 없겠지만. 그 여자……." 칼헨이 말했다.

"조용!" 공주가 말했다

우리는 속삭였다. 약간 떨어진 집에서 어떤 목소리, 높고 욕설을 퍼붓는 목소리가 울려 나왔다. 무슨 소리인지는 알 수가 없었다. 그저 누군가가 흥분해서 소리치는 것은 들을 수 있었다. 나는 피가 솟구쳤다. 아마 그 여자가 아이를 때리는 것이리라.

"음." 칼헨이 이런 소리를 냈다.

풀밭이 사라졌다. 안개를 통해 울리듯, 공주의 알토 음성이 들렸다.

"우리는 조금 뒤에 곧 저 집으로 갈 거야……, 우리는 그래야만 해……."

거대한 달걀 모양의 원형, 저 위쪽, 돌로 된 천공 아래, 활짝 펼쳐진 붉은 천들, 아래는 원형경기장, 그리고 높은 돌담, 그 위쪽 첫 줄에는 열을 지은 관중들, 신분에 따라 첫줄 그리고 그 윗줄에 앉은 수천의 머리들, 갈색의 빛 속에서 맨 위쪽은 보이지도 않았다. 아래쪽, 한가운데, 한 사람이 십자가에 매달려 있었다. 표범 한 마리가 그에게 껑충 뛰어올라, 그의 살을 한 점 한 점 찢어 놓았다……. 그 남자는 비명을 지르지 않았다. 그의 머리는 왼쪽 어깨로 살짝 기울었다. 아마 이미 의식을 잃은 것 같다. 먼지와 대중의 함성……. 창살로 된 작은 문이 열렸다. 가죽 앞치마를 걸친 사내 몇 명이 떨고 있는 사람들을, 즉 남자 네 명과 여자 한 명을 밀쳐 빙 둘러 서게 했다. 남자 네 명 중 세 명은 찢어진 옷을 걸치고 있었다. 여자는 반쯤 벌거벗었다. 남자 한 명은 얼굴에 화장이 되어 있었고, 끔찍한 차림새였다. 마스크와 황동으로 된 왕관을 썼다. 그는 자신의 죽음을 위한 배우가 되도록 치장되었다. 창살로 된 작은 문은 안쪽에서 잠겼다. 사내들은 창살 뒤에 서 있었다. 관객 역할이었다. 한편에는 동물 몇 마리가 모래에 누워있었다, 호랑이 한 마리, 사자 한 마리. 짐승들은 안쪽으로 내몰려진 인간들을 보자 몸을 일으켰다, 굼뜨면서도 사납게. 4명의 희생자 중 한 명이 무기를 들었다. 굽은 칼이었다. 십자가 근처에 있던 표범은 십자가에 걸린 사람은 내버려 두었다. 표범은 엎드려서, 물어 뜯어낸 팔을 씹고 있었다. 피가 튀었다.

　　그리고 저기 사자가 갑자기 껑충 뛰기 시작했다. 이제 사자는 미쳐 날뛰었다. 비열하게 담 위쪽 보호석에 있던 누군가가 활활 타는 나무토막을 사자 머리에 던졌기 때문이었다. 그 짐승이 울부짖었다. 검투사가 영웅적이지만 정말 끔찍한 결과를 낼 그런 동작을 하며 앞으로 나섰다. 나팔 소리가 울려 퍼졌다. 그 소리는 붉은색이었다. 사자가 뛰어올랐다. 사자는 검투사를 뛰어 넘어 곧장 화장한 남자에게로 돌진했다. 사자가 그 남자를 잡았다. 마스크는 여전히 똑같이 바보 같은 표정이었다. 그런 뒤 사자는 비명을 지르는 남자를 물고 경기장을 질질 끌고 갔다. 검투사한테는 호랑이 두 마리가 공격을 했다. 그는 힘껏 저항했다, 절망의 용기로. 그는 주변을 내리쳤다, 처음에는 익혀둔 어떤 계획에 따라서, 그 다음에는 아무 의미도 없이 이성을 잃은 채. 짐승 중 한 마리가 그에게 살그머니 다가갔다. 발소리를 죽여 살금살금 뒤로 물러서더니, 두 발이 검투사 위에 놓였다. 번개처럼 짐승은 경기장을 돌았다. "우우우우-!" 군중들이 하나가 되어 소리를 질렀다. 신음하는 것 같았다. 사람들은 자리에서 벌떡 일어나, 미칠 듯이 기뻐하며 아래쪽을 뚫어지게 쳐다보았다, 작은 것도 놓치지 않으려고. 그들은 이쪽저쪽으로 눈을 돌렸다. 바라보는 곳마다, 피, 절망, 신음과 짐승의 으르렁거림이었다. 저기서 인간은 시달리고 있었고, 아직 살아있는 육신이 경련을 했다, 모래 속에서 끔찍하게 버둥거리며. 그러나 위쪽에 있는 인간들은 안전했다. 기가 막히게 멋졌다! 온 경기장이 잔인함과 황홀함에 빠져있었다. 제일 아랫줄 사람들만이 조용히 그리고 약간 건방지게 앉아, 미동도 하지 않았다. 원로원 의원들과 그들의 아내, 화덕 여신 베스타를 받드는 여사제들, 궁신, 군사령관과 부유한 귀족들이었다……. 그들은 느긋하게 작은 통 안에서 과자를 꺼내 서로에게 건넸고, 어떤 남자는 토가[51]를 매만졌다. 고함소리가 짐승들을 더욱더 미쳐 날뛰게 만들었다. 고함소리가 게으른 싸움꾼을 향해, 아예 저항할 마음도 없는 그를 향해 울려 퍼졌다……. 체취와 끊임없는 울부짖음, 짐승 무리가 쾌락의 오르가즘 속에서 이리저리 뒹굴었다. 그것은 잔인함을 낳았다. 여기서 혼자 계속 작동하는 것은 유일하고 거대하며 뻔뻔스러운 파괴의 성교였다. 그것은 부정적인 것을 위한 쾌락—죽음으로의 달콤한 미끄러짐, 타자를 위한 쾌락이었다. 그것을 위해 사람들은 날마다 샌들을 꼬아 만들었고, 양피지에 글을 썼으며, 회반죽을 끌고 왔고, 귀족을 방문했으며, 아트리움[52]에서 몇

5 1   토가(toga): 고대 로마인들이 몸에 둘러 입었던 것으로 모서리를 둥글게 하거나 한쪽 끝만 장식하기도 했던 흰색 또는 짙푸른 자주색의 면, 울, 실크의 큰 직사각형 천으로 구성된 실외용 의복.

5 2   아트리움(atrium): 로마 시대 주택 중앙의 뜰.

날 며칠을 아침마다 기다리며 시간을 보냈다. 천을 짜고, 아마실을 빨고, 테라코타[53] 그릇에 붓으로 그림을 그렸고, 비린내 나는 생선을 팔았다……. 마침내, 마침내 이 엄청난 축제, 옥외원형 극장에서의 이 축제를 즐기기 위해서. 모든 것, 굴종, 억압, 소망과 행할 수 없는 육욕의 이 날이 시민과 프롤레타리아에게 쑤셔 넣은 그 모든 것을 즐기기 위해서. 여기서는 미쳐 날뛸 수 있었다. 그것은 마치 성적인 충만 같았다, 단지 그보다 더 격정적이고, 더 뜨겁고, 더 격하게 쉿 소리를 내는 그런 충만함. 활활 타오르는 불꽃처럼 쾌락이 4천 명의 인간들한테서 솟구쳐 올랐다. 그들은 완전히 진이 빠진 하나의 몸통이었다, 저 아래에서 인간을 갈가리 찢어놓은 맹수였다. 잔인함이 그들의 눈을 확 뜨게 했다. 잔인함은 이미 그렇게나 많은 이름을, 매 세기마다 다른 이름을 가졌었다, 그들은 가쁘게 숨을 쉬었다, 가장 거친 폭풍이 그들에게서 나왔다. 그 나머지는 이제 크고 시끌벅적한 대화, 부르는 소리, 다른 사람의 머리 위로 서로 주고받는 신호들, 엄지손가락을 아래로 향하는 그 신호들 속에서 뿜어 나왔다. 수천의 목소리, 말하고 소리 지르고 울려 퍼지는 그 목소리들. 원형경기장 여기저기에서 비명이

---

53 테라코타(Terracotta): 라틴어로 구운(cotta) 흙(terra)에서 유래한 것으로, 도기나 건축용 소재 등에 사용되는 초벌구이, 혹은 그에 이용되는 점토.

솟구쳤다, 고통의 신호를 보내는 호각소리 같은. 여기 인간 내면의 범죄와 같은 욕망에 깃든 그 무엇이 흘러내렸다. 이제 이들은 곧 그 누구도 더 이상 살해하지 않을 것이다. 그들을 대신해서 짐승들이 그 일을 했다. 이 일이 끝난 뒤 그들은 기도하기 위해 사원으로 갔다. 아니, 청원하기 위해. 아래쪽에서 첫 번째 감시인들이 모래에 발을 들여놓고, 거기에 놓인 몸뚱이에 뜨거운 쇠를 갖다 대었다. 그들은 정말 죽었나? 약간의 고통으로 대중까지 속였던 것은 아니었을까? 한 구석에서는 어떤 사람이 자신의 황홀한 몇 분간을 위해 싸웠다. 짐승들은 씩씩거리며, 격앙되고 배가 부른 채 창살이 있는 작은 문을 통해 사라졌다. 모래는 빗자루로 쓸렸다. 그리고 위쪽, 가장 높은 신분들 사이에서는 마지막 쾌락이 부글대고 있었다. 고통 속에서 삶이 발견한 그 쾌락이.

"뭐해?" 공주가 물었다.

"아무것도." 내가 대답했다.

"자네들은 우리가 나중에 그 집으로 다시 가야한다고 생각하는 거야?" 칼헨이 의심하는 듯 물었다.

"당연히 가야죠." 공주가 말했다. "그 애는 도움을 받아야만 해. 우리가 도와야만 해."

그러자 내 속에서 뭔가가 울컥 솟구쳤다. 그건 정말 가슴

이 먹먹한 분노여서, 나는 벌떡 일어서서 깊이 숨을 들이쉬어야만 했다. 두 사람은 놀란 눈으로 나를 쳐다보았다. 갑자기 파괴의 욕구가, 다른 사람에게 고통을 주고 싶은 욕구가 솟구쳤다, 이 여자를 고통스럽게 만들고 싶은 욕구가…… 오, 선하고 정의로운 성전(聖戰)의 희열이여, 그대 부도덕의 설사약이여! 나는 숨을 내쉬면서, 차가운 물줄기로 그것을 없앴다. 나는 이 욕망의 메커니즘을 알고 있다. 이 욕망은 두 배로 위험했다. 그것은 윤리적으로 하부를 구성하기 때문이었다. 선한 일을 하기 위해 고문하기…… 이것은 많은 사람에게 아주 잘 알려진 생각이다.

"갈까?"

우리는 갔다.

그 집을 다시 보았을 때, 우리는 임무 수행 중의 특별 기습대처럼 입을 다물고 있었다.

"하나는 왼쪽, 하나는 뒤로 돌아서." 칼헨이 말했다.

"하지만 한 사람은 공주 옆에 있어야 해." 내가 말했다. "그 여자가 때릴까봐 걱정돼."

"그럼 자네들이 저기로 가." 그가 말했다. "나는 왼쪽에서 해볼 테니."

우리는 살금살금 다가갔다.

집은 조용했다, 완전 조용했다. 혹시 그 여자가 창문으로 우리를 살펴보고 있는 건 아닐까? 개가 있으면? 어쨌든 여기는 남의 집 땅이었다. 우리는 여기서 아무것도 찾으러 다녀서는 안 되었다. 그 여자한테 권리가 있었다. 대체 이게 무슨 프로이센식 사고 방식이란 말인가! 아이가 당하고 있다. 가자.

모든 게 조용했다. 이곳에서는 멀리까지 보였다, 그 집을 지나, 멀리 육지까지. 멜라렌 호수가 있었고, 그립스홀름 성이 두꺼운 돔을 이고 붉게 서 있었다. 그리고 잡목 숲과 전나무와 자작나무들도 보였다.

"쉿!" 공주가 소리 냈다. 아무것도 없었다. 칼헨이 보이지 않았다. 나는 질문하는 눈길로 공주를 쳐다보았다. 우리는 천천히 계속 앞으로 갔고, 얼음 위를 걷는 듯 아주 조심스레 발을 옮겼다. 창문 뒤에 있는 건 작은 얼굴인가, 동그란 원반인가……? 잘못 보았다. 그것은 유리에 비친 무엇인가였다. 우리는 집 쪽으로 다가갔다. 공주는 사방을 둘러보았다. 갑자기 그녀가 앞쪽으로 갔다.

"빨리!" 그녀가 말했다.

그녀는 집에서 멀리 떨어지지 않은 풀밭 위에 놓인 하얀 얼룩을 향해 뛰었다……. 거기에 작은 종잇조각이 있었다. 집 뒤쪽에서 칼헨이 천천히 울타리를 지나 어슬렁어슬렁 돌아다녔다. 공주가 허리를 굽혀 종잇조각을 보더니 집어 올리고는 급히 걸음을 옮겼다.

우리는 집 주변을 에워싼 격자 울타리를 벗어날 때까지 서둘렀다.

"자?" 칼헨이 말했다.

공주가 멈춰 서서 종이를 읽었다.

콜린 취리히 호팅어슈트라세(Hotingerstrase) 104 번지.

한 장씩 뜯어내는 달력 종이 뒤에 이렇게 쓰였다. 서툰 아이의 글씨였다. 맞춤법도 틀려 'Strasse'라고 써야하는데 'Strase'라고 썼다.

"우리가 해냈어!" 공주가 말했다.

"전투 준비". 칼헨이 휘파람을 불었다.

그립스홀름으로 귀환.

4

우리는 전투를 포기한 인디언들처럼 뒤죽박죽 뛰었다. 세 명이 한꺼번에 말문을 열었다.

"이제 좀 천천히……." 똑똑한 칼헨이 말했다. "전보를 치다니……. 자네들 정말 미쳤구나. 이제 우리가 해야 할 일은 우선 그 애 엄마한테 이성적인 편지를 쓰는 거야. 그리고 그 편지에 써야할 건…….”

이제 해야 할 일……. 그걸 나는 또 다시 하고 싶지는 않았다. 그건 대전투였다. 편지는 한 통만 쓰이지 않았다. 14통의 편지가 쓰였다. 첫 번째 뒤에 두 번째, 그런 뒤 세 번째 편지가 한꺼번에 쓰였다. 내가 타자기 앞에서 자판을 열심히 두드려, 그게 열이 펄펄 나는 동안, 두 사람은 부지런히 자신들의 편지지를 가득 채웠다. 유행 지난 말놀이 중 하나처럼(“그 남자는 뭘 해 - 그 여자는 뭘 해? - 그들은 어디서 사귀었어?”), 각자는 자신의 글을 먼저 낭독하려 했고, 각자 자기가 쓴 게 가장 멋지고 가장 세련되었다고 생각했으며, 다른 사람의 편지는 첫 구절부터 끝까지 말도 안 된다고 주장했다.

“말도 안 돼!” 공주가 말했다.

“그건 유치해!” 나는 대꾸하려 했다.

“당신 아주 영리하군. 자기를 멋지게 포장하고 있어! 자, 부탁할게…….” 그녀가 말했다.

그런 다음 모든 게 처음부터 다시 시작됐다.

결국 의견을 좁히고 좁혀서 세 편의 초안이 남았다. 칼헨은 법률적인 편지를 썼고, 나는 세련된 편지를, 공주는 현명한 편지를 썼다. 우리는 현명한 편지를 골랐다.

편지에는 우리가 본 것, 우리가 콜린 집안의 일에 간섭할 마음이 없다는 사실, 콜린 부인은 그 여자에게 편지를 써서는 안 되며, 그것은 분명 불행을 자초할 것이라는 사실, 그러나 부인은 걱정할 필요가 없다는 것, 어떻게 해야 할지 그 사이에 우리가 살펴볼 것이며, 우리가 그녀에게 전화하는 것을 허락해주었으면 좋겠다는 내용을 간결하고 명료하게 썼다.

"자." 공주는 이렇게 말하면서 편지를 봉했다. "우리가 해냈다. 이제 편지를 들고 가자. 우체국으로!"

편지가 우체통 안으로 퍽하고 떨어질 때, 우리 심장에서 돌이 떨어져나갔다.

"그런 아이가……." 내가 말했다. "그렇게 어린 것이!"

그러자 두 사람은 나를 마음껏 놀려댔다.

"담배 한 대만 줘!" 칼헨이 말했다.

그는 남의 담배를 피우고, 남의 칫솔을 썼다.("우정은 이용해 먹어야 해." 그는 이렇게 말하곤 했다.)

우리가 천천히 마리에프레드의 거리들을 지나며 쇼윈도 안을 들여다보고 있는 동안, 칼헨이 말했다.

"너희도 알고 있지, 나 내일 저녁에 떠나는 거?"

쿵, 우리는 그걸 잊고 있었다. 8일이 벌써 지났다. 그렇군.

"우리랑 조금 더 계시지 않을래요? 카를 씨?" 공주가 물었다.

"부인." 키 큰 무례한 녀석이 말하면서, 팔을 벌렸다. "유감스럽게도 제 시간은 끝났습니다. 가야만 합니다. 가야만 합니다. 여러분, 그동안 아주 힘든 회의였습니다."

그는 멈춰 서 있었다.

"그래, 자넨 회의 전문가잖아……. 이 공무원아!"

"난 자네를 글쟁이라고 놀리지 않아, 이 책벌레야! 늙은 오이겐 에른스트[54]가 늘 이렇게 말했지. 누군가 아무것도 할 일이 없으면, 그는 다른 사람들을 데려오고, 그런 뒤에 그들은 회의를 한다. 그리고 마지막에, 모두가 말을 다 하면, 그는 단언을 하고, 그런 뒤에 끝이 난다. 그런데 자네 이제 다시 한 번 자네 글쓰기 기계 앞에 앉아서, 야콥한테 보낼 전보나 두드려!"

나는 시키는 대로 했다. 내가 칼헨에게 말했다

"내 생각에 이건 한 단어로 된 전보여야 할 것 같아. 안 그러면 너무 비쌀 거야. 자 봐.

곧장이곳멜라렌호수로방향전환급수위해돈지불물론물만
보장수영목적용거의상급정중한급수최고위원프리츠와칼헨

"자, 그럼 우리 저분께 작별주를 준비해줄까, 어때?" 뤼디

---

5 4 오이겐 에른스트(Eugen Oswald Gustav Ernst, 1864-1954): 독일 정치가.

아가 말했다.

우리는 준비했다. 여기저기 느릿느릿 돌아다녔고, 마실 것
을 구하려고 착한 안데르손 부인을 괴롭혔다. 장을 보기는 했
지만, 전부 다 썩 마음에 들지 않았다. 늘어놓고 끄집어냈다,
그리고…….

"먹을 게 뭐가 있어?" 칼헨이 물었다.

"무엇을 드시고 싶은데요?" 공주가 물었다.

"마멋꼬리수프가 제일 먹고 싶은데."

"뭐라고요?"

"자네들 그거 몰라? 젊은이들이란! 우리 때는 말이지…….
그러니까 마멋꼬리스프는 북쪽 끝에서 에스키모한테 얻을 수
있는 거야. 그들은 아주 오랫동안 마멋을 쫓아다니며 사냥을
해. 마멋이 놀라서 꼬리를 잃어버릴 때까지 말이야. 그리고 이
런 식으로……."

말이 끝나기도 전에 우리는 칼헨 머리에 쿠션 두 개를 집
어 던졌다. 그런 뒤 우리는 아래로 내려가서 음식을 먹었다.

"나는 사실 울름을 거쳐서 가고 싶어." 칼헨이 말했다. "그
곳에 젊은 아가씨를 두고 왔어. 그녀한테 확인하고 싶어."

"부끄러운 줄 아세요." 공주가 말했다.

"예뻐?" 내가 물었다.

"글쎄, 어떻게 생겼나……. 자네의 아내……." 칼헨은 빙긋

웃었다. 그러고 나서 다시 아마 자네의…… 라고 말하려는 듯 입을 열었다가 더 이상 말을 하지 못했다.

"울름에는 어떻게 갈 건데?" 내가 물었다. "거기 못 가!"

"나도 안 가." 칼헨이 말했다. "나는 그냥 단지…….'

"정말 내놓은 바람둥이시군요." 공주가 말했다.

"이봐, 할멈", 내가 말했다. "저 친구는 가끔 자기가 말 한 대로 행동을 해, 그런 다음 아주 그 일에 매진하지."

칼헨이 미소를 지었다, 마치 전혀 모르는 어떤 절제 없는 사람에 대한 이야기를 듣는 듯이. 그리고 우리는 멀리서도 들릴 정도로 뻥 소리를 내며 위스키의 코르크를 뽑았고, 그것 때문에 칼헨은 "미스터 뻥"이라고 불렸다. 우리는 자리에 앉아, 그렇게 많이 마시지는 않았다. 취하도록 수다를 떨었다. 바람막이를 씌운 4개의 촛불이 산들바람에 흔들렸다.

"자네 파이프 좀 피워 봐!" 칼헨이 말했다. "좀 피워봐! 이 친구는 니코틴을 견디지 못해요, 공주님! 근데 파이프 새 거야?"

"바로 맞았어. 파이프에 불을 붙여야 해. 젠장, 파이프에 불을 붙이는 건…….'" 내가 말했다.

"불붙이는 걸 기계로 할 수는 없어?" 공주가 물었다. "그런 게 있다고 들었는데."

"기계로 할 수 있어요." 칼헨이 말했다. "학창 시절 친구 한 명이 있어요, 오버프리마에. 그가 공기 펌프로 불붙이는 걸 발명했어요. 어떻게 하는지는 모르겠지만, 어쨌든 그가 그런 걸 했어요. 그 친구한테 내 새 파이프를 주었죠. 정말 멋진 새 파이프였어요. 근데 그때 그 친구가 아마 너무 세게 펌프질을 한 것 같았어요……. 파이프에 저절로 불이 붙어서, 한 줌의 재밖에 남지 않았죠. 그 친구는 나한테 새 파이프를 사 줘야만 했어요. 나는 이 파이프 사건이 항상 상징적으로 생각돼요……. 그래요. 하지만 무엇을 위한 상징이었는지 그건 잊어버렸어요."

우리는 입을 다물었다, 생각에 취해서.

"당나귀." 공주가 말했다.

우리는 항의하려고 했다. 하지만 그녀는 진짜 당나귀, 나무들 뒤에서 나타난 당나귀를 말하는 것이었다. 아마 당나귀도 위스키 한 잔 하고 싶었던 것 같다. 우리 모두는 동시에 일어나서 당나귀를 쓰다듬었다. 하지만 당나귀는 쓰다듬을 당하고 싶어 하지 않았다. 어떤 현명한 남자가 알아낸 사실. 당나귀가 당나귀라고 불리는 것은 당나귀의 불행이다. 왜냐하면 그렇게 불리기 때문에 당나귀는 그렇게 부당한 대우를 받으니까. 하지만 우리는 이 당나귀한테 잘 대해주었고, 요아힘이라는 이름을 붙여 주었다. 우리는 당나귀에게 축음기를 들려주었다…….

"'카르멘'을 조금 틀어줘 봐." 공주가 말했다. "아니! 작은 난쟁이들이랑 같이 해봐……!"

그건 짧고 경쾌하게 뛰는 듯한 행진 리듬의 음악이었다. 공주는 음악에 작은 난쟁이들이 등불을 들고 무대 위를 휙 스쳐지나가는 무언극이 곁들여져야 한다고 주장했다. 나는 축음기판을 난쟁이들과 함께 올려놓았다. 기계가 작동했다. 당나귀는 음악을 들으며 풀을 뜯어먹었고, 우리는 위스키를 마셨다.

칼헨이 말했다. "한 잔 더 줘!"

공주는 후식으로 샐러리와 치즈를 먹었다. 어떤 위대한 미식가가 그렇게 먹으라고 공주에게 권했었다.

"맛이 어때요?" 칼헨이 물었다.

"맛이", 공주는 천천히 그리고 조심스레 맛을 음미했다. "때 묻은 세탁물 맛이 나요."

요아힘까지도 찬성하지 않는다는 듯 꼬리를 찰싹찰싹 쳐댔다.

그런 뒤 우리는 요아힘에게 우리가 알고 있는 꽤 많은 노래를 불러주었다.

솔로몬 왕은 삼백 명의 아내가 있다네
그가 늘 아침 기차를 놓치는 이유는

바로 이것,

모두에게 굿바이 키스를 하기 때문!

"음메!" 당나귀가 소리를 냈다. 이 녀석은 경고를 받았다. 당나귀는 소가 아니기 때문이었다. 칼헨은 머리빗에 실크종이를 덮어 조용한 멜로디를 불다가, 강렬한 욕망에 사로잡혔다, 성통으로 가고 싶은……. 공주는 엄청 웃어댔고, 가끔은 품위 없을 정도로 크게 웃기도 했다. 그리고 우리 모두처럼, 나는 이런 소동 속에서 더할 나위 없이 정신이 말짱했다.

우리가 자러가기 전에 나는 말했다.

"뤼디아, 칼헨은 또 엽서를 쓰면 안 돼! 이 친구는 항상 엽서를 써."

"어떤……?" 그녀가 물었다.

"이 친구가 여행을 떠나면, 곧장 다음날 완전히 미친 엽서들이 도착해. 기차에서 엽서를 쓰지. 그게 이 사람의 작별 방식인데, 그러면 안 돼. 그게 정말 나를 자극하거든!"

"칼헨 씨, 이번에는 우리한테 카드를 보내지 않겠다고 맹세하시겠어요?"

그는 기센 식의 짧은 약속의 말을 했다. 우리는 천천히 낮잠을 자러 갔다.

그리고 다음날 저녁 그를 역으로, 칙칙 거리는 작은 기차로 바래다주었다. 공주와 칼헨은 작별 키스를 했다. 그 키스가 나한테는 정말 길게 느껴졌다. 그런 뒤 그는 기차에 타야했고, 우리는 기차 옆에 서서 창문으로 그의 갈 길에 대해 현명한 충고를 건넸다. 그는 우리를 보고 이를 드러내며 웃더니, 기차가 출발하려는 순간 다정하게 말했다.

"프리츠헨, 내가 네 치약 가져간다!"

나는 흥분해서 그를 향해 모자를 집어 던졌고, 모자는 하마터면 바퀴 아래로 굴러 떨어질 뻔했다. 그런 뒤 그는 손을 흔들었고, 그러고 나서 기차는 모퉁이를 돌아 사라졌다, 그리고 더 이상 아무것도 보이지 않았다.

그리고 바로 다음날 정오에 4장의 엽서가 도착했다. 스톡홀름에 도착할 때까지 큰 역에서 한 장 씩. 마지막 카드에는 다음과 같이 적혀있었다.

친애하는 토니,

15일 호텔에서 한 허위기재로 경찰에 출두하는 일이 없기를! 필요하면 자네가 내 딸이라고 계속 우기기를!

친애하는 친구, 오늘 저녁 여행 출발 전에, 옆쪽에서 자네를 다시 한 번 보았는데, 진짜 깜짝 놀랐다는 걸 말해야겠어. 내 생각에 자네 머리카락이 빠지고 있어. 친애하는 친구! 그건 조짐 이상이야, 그건 증상이야!

쓸데없이 두 번째 카나리아를 찾지 마. 내 사랑하는 아이들을 위해 그걸 가져왔어. 그 당나귀는 어디 있어?

사랑하는 마리, 내 도장반지가 어디 있는지 곧바로 좀 찾아봐줘. 분명 자네 베게 아래에 있을 거야. 내가 확실히 알아.

낭비한 휴가가 유감이었어!

나는 늘 그곳에 있어

자네들의 칼헨

4장

우리 목사님이 나를 못 보면,
나는 하느님이랑 문제를 해결하려는 중일 거야.
이렇게 농부가 말했다 - 그러면서 그는
일요일에 건초를 만들었다.

1

"대체 어떻게 갑자기 그렇게 했어?"

내가 누워서 양다리를 수직으로 높이 올렸다가 옆으로 굴러 떨어지자, 공주가 물었다.

우리는 체조를 했다. 뤼디아가 체조를 했고, 나도 체조를 했다, 그리고 뒤쪽 나무들 아래에서는 빌리가 이리저리 굴렀다. 빌리는 남자가 아니고, 지뷜레라는 이름의 아가씨였다.

"여보게, 자……." 공주는 이렇게 말하고, 숨을 훅 들이쉬면서 바닥으로 몸을 던졌다. "만일 우리가 이걸 해서 영리하고 멋지게 되지 않으면……."

"그리고 날씬하지 않으면." 나는 이렇게 말하면서 그녀 옆에 앉았다.

"저 애 어때?" 공주가 물어보면서 고갯짓으로 나무쪽을 가리켰다.

"좋아." 내가 말했다. "친절한 아가씨야. 쾌활하고, 명랑하고, 마음먹으면 진지하기도 해. 마음에 들어!"

"누가?"

"저 여자."

"대디, 진심으로 하는 말인데……. 이 숙녀분은 얼마 전에 남자친구랑 헤어졌어. 하지만 저 애는 아주 품위 있고 고상하고, 아주 다정해."

"근데 누구였는데?"

"화가. 괜찮은 젊은이야. 하지만 이제는 상관없는 일이지. 저 애한테 그 일에 대해 묻지 마, 말하고 싶어 하지 않아. 그런 일은 혼자 삭혀야 해."

"근데 당신들은 언제부터 알고 지냈어?"

"음, 한 10년. 빌리……. 저 애는 내 칼헨이라고 할 수 있어, 알아? 나는 저 애가 좋아. 지금까지 한 번도 우리 사이에 남자가 낀 적이 없었어. 그건 상상할 수도 없어. 봐, 저 애가 어떻게 달리는지! 옷에 불이라도 붙은 것 같아!"

지빌레가 이쪽으로 왔다.

그녀가 뛰는 모습을 보는 것은 멋졌다. 다리가 길고, 상체는 팽팽하고, 그녀의 검푸른 수영복이 잔디밭 위에서 빛을 냈다.

"자, 원숭이들, 어땠어?" 빌리는 이렇게 말하면서 우리 옆에 앉았다.

"유용했어." 공주가 말했다. "이 뚱보가 체조를 하는데, 무릎이 목 쪽으로 휙 넘어왔어……. 아주 잘했어. 근데 당신 줄넘기는 얼마나 했어?"

"3분." 나는 이렇게 말하면서 정말 자랑스러웠다. "잠은 잘 잤어요, 빌리?"

"아주 잘 잤어요. 처음에는 안데르손 부인이 우리가 자는 방을 집밖으로 끌어냈나 생각했어요. 종일 비치는 해 때문에 방이 아주 따뜻했거든요……. 그렇지만 여기는 그렇게 뜨겁지 않네요. 네, 아주 잘 잤어요."

우리 모두는 정신을 집중해 앞쪽을 쳐다보았고, 몸을 이리저리 움직였다.

"네가 여기 와서 좋아." 공주가 말하면서, 긴 풀줄기로 빌리의 목덜미를 간질였다, 아주 살짝.

"우리는 여기서 토박이 사람처럼 살아가려고 계획했어. 그런데 먼저 저 사람의 친구 칼헨이 왔고, 그리고 지금은 너야. 하지만 그래도 정말 고요하고 평화로워……. 아니……. 정말……."

"아가씨, 아주 친절하시군요." 빌리는 이렇게 말하고 웃었다.

나는 이 웃음 때문에 이 여인을 사랑했다. 때로는 맑게, 그러나 때로는 비둘기 목청에서 나는 소리같이. 그리고 그녀는 웃을 때 비둘기랑 비슷한 소리를 냈다.

"빌리, 예쁜 반지를 꼈는데 뭐예요?" 내가 말했다.

"아무것도 아니에요……. 그냥 매일 끼는 소박한 반지……."

"한 번 보여 주세요……. 오팔인가요? 오팔은……, 잘 아시죠……, 오팔은 불행을 가져와요!"

"나한테는 아니에요, 페터 씨, 나한테는 아니에요. 그럼 다이아몬드를 껴야 할까요?"

"당연하죠. 다이아몬드 반지로 별채 침실 거울에 당신 이름을 긁어 써놓아야 해요. 위대한 매춘부들은 모두 그런 짓을 하죠."

"고마워요. 근데 발터가 해 준 얘기인데, 그가 언젠가 파리에 있을 때 어떤 식당의 별실에 있었는데, 거기서도 누가 거울에 뭔가를 새겨 넣었대요. 한 번 추측해보세요, 뭐라고 썼는지!"

"뭐라고 썼어요?"

"'무정부주의자 만세!' 나는 그게 정말 멋지다고 생각해요."

우리는 기뻤다.

"체조 조금 더 할까요?" 내가 물었다.

"아뇨, 여러분, 충분해요." 공주가 말하면서 몸을 쭉 뻗었다. "내 숙제는 다 했어. 빌리, 네 수영복 바지가 열렸어."

빌리는 몸에 착 붙는 그녀의 운동복을 여몄다.

빌리의 몸은 갈색이었다. 원래부터 그랬거나 호수에 비치는 태양 때문이거나, 어쨌든 둘 중의 하나였다. 그녀는 이런 색의 피부에, 사슴 눈 같은 갈색 눈을 가졌고, 아주 기이하게도 금발이었다. 진짜 금발이었다······. 금발은 사실 그녀한테는 전혀 어울리지 않았다. 빌리의 엄마는 어떤····· 어떤 누구? 페르남부쿠[55] 주 출신. 아니, 그렇지 않았다. 그녀의 엄마는 독일인이었다, 그녀는 독일인 남편이랑 오랫동안 페르남부쿠에서 살았다. 분명 그곳에서 어떤 일이 있었을 것이다······. 조심스레 추측해보건대, 빌리는 절반은 혼혈, 혹은 1/4인은 혼혈······. 그런 어떤 상태였을 것이다. 낯선 달콤함이 그녀에게서 뿜어져 나왔다. 그녀가 저렇게, 즉 다리를 바싹 당기고 두 손을 무릎 아래에 넣고 앉아 있으면, 예쁜 고양이 같았다. 그녀를 계속 바라 볼 수밖에 없었다.

"어젯밤 우리가 마신 슈납스는 뭐였어?" 빌리가 느릿느릿 물었다. 손에 잡힐 듯 눈앞에 펼쳐진 먼 풍경에서 눈도 돌리지

---

55 페르남부쿠 주(포르투갈어: Estado de Pernambuco): 브라질의 북동부 대서양 연안의 주.

않았다. 질문은 완전 제대로 했다. 하지만 이런 질문에 그녀는 잘못된 얼굴 표정을 지었다, 약간 꿈꾸듯 응시하면서. 이런 질문을 슈납스를 마신 뒤에 했으니…….

우리는 웃었다. 그녀는 깨어났다.

"그래……." 그녀가 말했다.

"그건 라보멜슈납스의 슈납스예요." 내가 아주 진지하게 말했다.

"아니 정말……. 뭐였다고요?"

"그건 스웨덴 브랜디예요. 우리처럼 한 잔만 마시면, 원기를 회복시키고 편안하게 해주죠."

"그래요, 아주 편안해요……."

우리는 또 다시 아무 말도 안하고 햇볕을 쬐었다. 바람이 우리 위로 숨을 들이쉬어, 피부에 살랑거렸고, 그 속에서 피가 노래하고 있는 땀구멍을, 그 땀구멍을 깨끗이 씻어주었다. 나는 따돌림을 받았다. 대개 두 사람이 한편을 먹었다. 그렇다고 나를 적대시하는 것은 아니었다……. 하지만 나한테 별관심이 없었다. 호감을 보이는 모든 점에서. 내가 그들에게 다가가면, 나는 갑자기 그 옛날 느꼈던 어린애의 감정, 어린 소년들이 가끔 느끼는 그런 감정이 솟구쳤다. 즉 여성은 낯설고 다른 존재이다, 너는 그녀들을 절대 이해하지 못할 것이다. 그녀들은 저기 무엇을 갖고 있는가, 그녀들의 스커트

아래는 어떨까……. 그녀들과 함께 하면 어떨까! 나의 유년 시절은 여성과 관련된 모든 게 아주 복잡한 일이었던 그런 시절이었다. 생각해 보자, 그들이 옷을 입을 때면, 모든 걸 얼마나 많은 갈고리로 걸고 단추를 채워야 했던지! 당시 간통은 분명 얽히고설킨 일이었을 것이다. 오늘날에는 남성들이 여성들보다 더 많이 단추를 채운다. 만일 그들이 똑똑하다면, 지퍼 같은 것으로 장식할 것이다. 그리고 가끔, 여성들이 서로 이야기하는 것을 들어보면, 나는 이런 생각을 하게 된다. 이들은 서로의 '그것'을 알고 있구나. 그녀들은 자신들의 존재 안에 있는 똑같은 조작과 불안정에 따르고 있구나, 그녀들은 같은 방식으로 아이를 얻는구나……. 사람들은 늘 말한다. 여성들은 서로 미워한다고. 혹시 그녀들이 서로를 그렇게 잘 알아서가 아닐까? 그녀들은 서로 너무 많이 알고 있다, 한 여성이 다른 여성에 대해, 즉 근본적인 것을. 그리고 이런 상황은 많은 여성들에게서 똑같이 일어난다. 그녀들과 다른 우리는 그런 일에서는 그녀들보다 더 어려움이 많다.

저기 그녀들이 햇볕 아래 앉아 수다를 떨고 있었고, 나는 기분이 좋았다. 이건 환관의 쾌락과 같은 그 무엇이었다. 만일 내가 의기양양했더라면 이렇게 말했을지도 모른다, 파샤[56]라

56　파샤(터키어: Paşa): 예전에, 터키에서 장군·총독·사령관 따위의 신분이

고. 하지만 전혀 그렇지는 않았다. 나는 그녀들 곁에서 그저 안전하다고 느꼈을 뿐이었다. 이제 빌리는 우리와 4일을 보냈다. 이 4일 동안 우리는 단 1분도 나쁘게 보낸 시간이 없었다……. 모든 게 정말 경쾌했고 기뻤다.

"그 남자는 어땠어?" 나는 공주가 물어보는 소리를 들었다.

"그 남자는 머리끝에서 발끝까지 신사였어." 지뷜레가 말했다, "그동안……."

나는 그녀들이 누구에 대해 말하는지 몰랐다. 그건 듣지 못했다.

"아, 뭐야, 말도 안 돼!" 공주가 말했다. "어떤 남자가 아무 쓸모도 없다면, 될 수 있는 한 빨리 그 남자한테서 떨어져야지. 이 여자 뭐야, 정말 바보야, 그래서 그렇게 오래, 그래 어쩌겠어. 봐! 조용! 가만히 앉아 있어, 가까이 오고 있어……. 꼬리 까딱거리는 것 좀 봐!"

작은 새가 깡충거리며 다가 와서 고개를 갸우뚱하더니 날아갔다. 자기 머릿속에서 저절로 생긴 뭔가에 놀랐다. 우리는 꼼짝도 안 했다.

"무슨 새일까?" 빌리가 물었다.

높은 사람에게 주던 영예의 칭호.

"지빠귀." 공주가 말했다.

"아, 바보, 지빠귀가 아니야⋯⋯." 빌리가 말했다.

"당신들한테 할 말 있어." 내가 현학적으로 말을 하기 시작했다. "그런 대답을 할 경우에는 그게 맞건 틀리건 별로 중요하지 않아. 그저 야무지게 대답할 것! 야콥이 언젠가 얘기해 주었는데, 전에 자기 조합원들이랑 소풍을 갈 때 늘 어떤 사람이 있었는데, 만물박사였대. 그는 모든 걸 다 알고 있어야 했대. 만일 '이건 무슨 건물이야?'라는 질문을 받으면, 그는 즉시 '니더작센의 은행이야!'라고 대답했다지. 그는 전혀 이해하지 못했지만, 사람들은 만족했대. 빈 곳이 메워진 것이거든. 그런 식이지."

아가씨들은 예의바르게 미소를 지어주었지만, 나는 갑자기 혼자서 농담을 하고 있었다. 딱 1초, 그러고는 끝났다. 그들은 일어섰다.

"우리 더 뛰어요." 빌리가 말했다. "풀밭을 한 바퀴 더 돌아요! 하나, 둘, 셋, 출발!"

우리는 뛰었다. 빌리가 선두에 있었다. 그녀는 규칙적으로 뛰었다, 잘 훈련된 모습으로, 몸이 마치 작고 정확한 기계같이 작동했다⋯⋯. 그녀와 함께 뛰는 건 기쁨이었다. 내 뒤에서 공주가 가끔씩 헐떡거렸다. 앞을 보면서 내가 외쳤다.

"조용히 뛰어! 코로 숨을 쉬어야해. 발바닥 전체로 디뎌.

팔을 너무 많이 흔들지 말고!"

그런 뒤 우리는 계속 달렸다. 길게 숨을 쉬면서 빌리가 서 있었다. 우리는 커다란 풀밭을 거의 한 바퀴 돌았다.

"와!" 우리는 온 몸이 뜨끈뜨끈했다. "성으로, 샤워기 아래로!"

우리는 수영 가운을 걸치고 천천히 풀밭을 가로 질러 갔다. 나는 운동화를 손에 들었다. 잔디가 발바닥을 간질였다. 아가씨들과 함께 있는 건 멋지다, 아무런 긴장 없이. 긴장 없이?

2

"우리 아이한테 뭘 갖다 줄까?"

"사탕." 빌리가 의견을 냈다.

"아냐, 그건 그 할멈이 금지할 거야. 아니면 아이는 그걸 보육원에 있는 모든 사람들과 나눠야 할 거야."

"우리 단추 사러 가자." 공주가 말했다. "뭔가 찾을 거야. 가자, 아 뭐야, 모자. 자, 빌리!"

우리는 갔다.

콜린 부인이 우리에게 편지를 보내왔다. 그녀는 굉장히 고마워했다. 우리한테 아드리아니 부인에게 가서 얘기를 하고,

그런 뒤 자신에게 전화를 달라고 했다. 콜린 부인은 기꺼이 비용을…….

"후단 말고! 라디!" 공주가 외쳤다. 빌리는 공주를 놀라서 쳐다보았고, 나는 그녀에게 그게 '오른쪽'과 '왼쪽'을 의미한다는 걸 설명해 주었다. 저지 독일어를 사용하는 여러 지역에서는 그렇게 당나귀를 몬다. 대체 이 오래된 말이 어디서 나온 것인지, 하느님이 알 것이다.

그래 그 아이, 그 '어린 것…….' 나는 온 힘을 다해 기억해 냈다, 그 애가 들볶이고 맞을 거라는 것을. 왜냐하면 여기에 이제 어떤 일이 임박했기 때문이었다……. 나는 소년 시절 항상 현관 공포증에 시달렸다. 낯선 집, 아주 낯선 집으로 들어가야 하는 그 엄청난 공포증에 시달렸다. 잔뜩 겁에 질려 결국 집 안으로 들어가면, 당연히 양심에 가책을 받았다. 동물은 공포의 냄새를 맡는다. 인간은 공포의 냄새를 맡는다. 모든 인간은 죽는다는 것을 알고 난 이후 조금 나아졌다. 하지만 이런 증상은 20년이나 지속되었다. 저지 독일어는 모든 것을 더 간단하고 덜 격정적으로 표현한다. "대체 뭐야? 누구나 그저 엉덩이 두 짝만 갖고 있잖아!" 그렇다, 그건 사실이다.

그리고 이제 나는 낯선 남자로서, 사악하고 낯선 여인한테 가야만 한다. 나는 잠깐 동안에 모든 단계를 연기했다. 즉 과자 마녀네 집에 있는 핸젤, 그런 다음에는 정말 난처해했고……, 그런 뒤 다 지나갔다. 글로 쓰는 것보다 훨씬 빨리 일이 진행되었다. 지나갔다. 어떤 현명한 인도 사람이 이렇게 말했다. "호랑이를 사냥하기 전에 먼저 생각 속에서 죽여야만 한다. 나머지는 그저 형식일 뿐이다." 그 아드리아니 부인은……? 나는 나의 말괄량이를 생각했고, 얻어맞고 울고 있던 아이를 생각했다……. 그러자 다 괜찮아졌다.

"조용!" 공주가 창문 안을 들여다보면서 새장에서 찍찍 거리고 있는 앵무새한테 외쳤다. "조용히 해! 안 그러면 박제로 만들어버릴 거야!"

그 동물은 독일어를 알아듣는 것 같았다. 조용해졌기 때문이었다.

빌리가 웃었다.

"당신들 영국 소스도 사려고 했잖아." 그녀가 여성들만 가능한 어떤 연상을 하며 말했다. "그렇게 하자. 가자, 프룩트아패어로 가자. 거기에는 다 있어."

스웨덴 사람들은 많은 외국어 단어들을 소리 나는 대로 쓰는데, 정말 재미있다. 우리는 영국 소스를 샀다. 공주는 마개로 봉해진 병을 의심스레 맡아보았고, 손과 발로 판매원의 삶을 힘들게 했다. 빌리는 겨자오이절임이 든 유리그릇을 떨어뜨렸다. 오이들은 이 상황을 이겨내고, 충격과 함께 그릇에서 벗어나, 잠겨있던 식초 속에서 잠시 거품을 내고 있었다……

"봐, 소금이 엄청 많아!" 내가 말했다.

공주가 통을 쳐다봤다. "어릴 때 늘 생각했었어. 만일 소금 저장소에 물 한 방울이 떨어지면, 그게 창고 전체를 망가뜨리지 않을까 하고."

나는 여기에 대해 아주 열심히 생각했고, 두 사람 뒤를 따라가야 한다는 걸 거의 잊었다. 둘은 벌써 밖으로 나가 길거리에서 건포도를 오물거리며 먹고 있었다.

"그럼 우리 그 아이한테 인형을 갖다 주자." 공주가 말했다. "이쪽으로 와 봐! 아, 거기 서 있어. 내가 벌써……. 아냐, 빌리 같이 가자!"

나는 잠깐 기분이 나빴다. 나는 빌리랑 단 둘이 기꺼이 거리에 서 있고 싶었기 때문이었다. 우리가 뭐 할 말이 있었나? 아무것도 없었다, 당연히.

"샀어요?"

"샀어요." 빌리가 대답했다.

"보여줘요." 내가 부탁했다.

"그렇지만 여기 길거리에서는 안 돼요." 빌리가 대답했다.

"인형이 감기에 걸릴 것 같아서 그러는 거야?" 공주가 말하면서 포장을 풀었다. 나는 안을 들여다보았다. 그 안에는 달라르나 주의 민속의상을 입은 스웨덴 소녀가 들어있었다, 명랑하고 화려하게. 인형은 다시 덮였다.

"받는 것보다 포장하는 게 더 기뻐." 공주가 말하면서 끈을 묶었다.

"그럼, 이제 우리……. 그 여자가 총을 쏠까, 우리의 친애하는 부인께서?"

"그냥 나한테 맡겨……!"

"아냐, 대디, 당신한테 안 맡길 거야. 당신은 그냥 그 여자가 뻔뻔스럽게 굴고 모든 걸 엉망으로 만들면, 그때야 나서. 당신은 그냥 시작만 해. 우리가 편지 등등을 갖고 있다고 말이야. 그러면 내가 그 여자와 결판을 낼 거야."

"그럼 나는?" 빌리가 물었다.

"빌리, 너는 그동안 숲에 누워 있어. 복수에 불타는 군대처럼 우리가 그녀한테 우르르 몰려갈 수는 없어. 그렇게 되면 곧장 모든 걸 잃을 거야. 그건 바보 같은 짓이야. 이렇게 하는 게 맞아. 우리 두 사람이 가는 것도 사실 바보 같아. 둘이 하나를 상대하다니. 한 명이 시작부터 으르렁 대겠지……."

"그래, 그 여자보다 더 잘 으르렁댈 사람은 없을 거야. 끔찍한 여자야!" 나는 빌리의 팔을 잡았다.

"근데 여기서 작업을 하세요?" 빌리가 물었다.

"내 작업에 뭔가 불어넣으려고요!" 내가 말했다. "그럴 리가요 - 우리는 여기서 아주 창조적인 휴식을 끼워 넣고 있는 중이에요…… 빌리, 당신은 아주 친절한 남자군요." 나는 정말 되도 않는 말을 했다.

"자, 젊은이들." 공주가 말하면서 약혼을 성사시키는 친절한 아주머니와 같은 얼굴을 했다. "너희가 서로 그렇게 좋아하니 참 좋군!"

나는 이 말에 깔려있는 저의를 들었다. 순간 나는 이들이 진정한 친구라는 걸 느꼈다. 여기에는 조금의 질투도 없었다. 우리는 서로 정말로 좋아했다, 세 사람 모두는.

이제 길은 나에겐 익숙해 보였다. 울타리가 있었고, 보육원이 있었다.

빌리는 천천히 계속 걸어갔고, 우리는 문 앞으로 갔다. 벨이 없었다. 아마 여기서는 벨을 울리면 안 되는 것 같았다. 우리는 노크를 했다.

꽤 시간이 지난 뒤에 발소리가 다가오더니, 여자애가 문을 열었다.

"칸 니 탈라 티스카?" 내가 스웨덴어로 독일어를 할 수 있냐고 물었다.

"안녕하세요……. 네, 네……. 무슨 일이시죠?" 소녀가 웃으면서 말했다.

그녀는 우리랑 독일어를 할 수 있어 분명 좋았던 것 같다.

"아드리아니 부인을 뵙고 싶은데요." 내가 말했다.

"네……, 근데 그분이 시간이 있으신지 모르겠네요. 막 점호를 하고 계시는군요, 제 말은……, 아이들 일을 살펴보고 계시는군요. 저는……, 잠깐……."

우리는 회색으로 회칠한 홀에 서 있었다. 창문들이 나무 테두리 때문에 작은 4각으로 나눠져 있었다. 창살 같군, 나는 이렇게 생각했다. 벽에는 스웨덴 왕들의 초상화가 몇 점 걸려 있었다. 누군가 계단을 내려왔다. 그 여자였다.

"안녕하세요." 우리가 말했다.

"안녕하세요." 그녀가 말했다, 침착하게.

"우리는 취리히에 있는 콜린 부인의 부탁으로 왔는데 아이에 대해 당신과 얘기하고 싶어요."

"편지…… 갖고 있나요?" 그녀가 적의를 품고 물어봤다.

"네."

"이쪽으로."

그녀가 앞장 서 가더니 커다란 방으로 안내했다. 일종의 홀처럼 생긴 곳이었는데, 여기서 소녀들이 밥을 먹는 것 같았다. 긴 탁자들과 아주아주 많은 의자들이 있었다. 구석에 조금 작은 탁자에 우리는 앉았다. 우리는 이름을 말했다. 그녀는 우리를 취조하듯 차갑게 쳐다보았다.

"콜린 부인이 우리한테 편지를 썼습니다. 그녀의 아이를 보고 싶군요. 콜린 부인은 이번 여름 유감스럽게도 스웨덴에 올 수는 없지만, 가끔 누군가 아이를 보살펴 주면 정말 좋겠다고 했습니다."

"아이는 내가 돌보고 있어요." 아드리아 부인이 말했다. "콜린 부인이랑…… 아세요?"

"아이랑 직접 이야기할 수 있다면 좋겠군요. 그러면 엄마 인사도 전할 수 있고, 전달할 일도 있어요."

"어떤 일이요?"

"아이에게 그 일을 직접 전할 겁니다. 당연히 부인이 있는 곳에서요. 아이랑 얘기할 수 있을까요?"

아드리아니 부인은 자리에서 일어나, 문 쪽에 대고 스웨덴어로 뭔가 외치더니 돌아왔다.

"당신들 태도는 이상한 것 이상이군요. 이 말을 꼭 해야만 하겠어요. 최근에 당신들은 그 아이랑 음모를 꾸미더니 내 교육 방식에 간섭을 하는군요……. 이게 무슨 일인가요? 당신들 대체 뭐하는 사람인가요?"

"우리 이름은 이미 말씀드렸습니다. 어쨌든……."

"아드리아니 부인", 공주가 말했다. "아무도 여기서 당신을 감독하거나 당신의 일에 간섭하려 들지 않습니다. 분명 아이들 때문에 애를 많이 쓰고 계실 겁니다. 그건 분명합니다. 하지만 저희는 어떤 것이든지 애 엄마한테 알려주고 싶습니다……."

"그건 내가 벌써 하고 있어요." 아드리아니 부인이 말했다.

"물론 그러시죠. 우리는 애 엄마한테 우리가 건강하고 쾌활하게 지내는 아이를 만났다는 것을 알려주고 싶습니다……. 근데 아이는 어떻게 지내나요, 그리고……. 저기 오네요."

아이가 수줍게 우리가 앉아 있는 탁자로 다가왔다. 아이는 자신감 없이 총총 걸음으로 와서는, 완전히 가까이 다가오지는 않았다. 우리는 아이를 보았다. 아이는 우리를 보았다…….

"그래, 아다." 공주가 말했다. "어떻게 지내니?"

아드리아니 부인의 목소리. "안녕하세요, 라고 말해야지!"

그러자 아이는 놀라 몸을 움찔하고는 안녕하세요처럼 들리는 뭔가를 더듬더듬 말했다.

"근데 어떻게 지내니?"

아드리아니 부인은 잠시도 아이한테서 눈을 떼지 않았다. 작은 소녀는 담 뒤에 있는 듯 그렇게 말했다.

"고맙습니다……, 잘 지내요…….."

"엄마가 너한테 안부인사 보내셨어." 공주가 말했다. "엄마가 인사 전해달래. 그리고 엄마가 이 편지에서 물어봤는데", 공주는 작은 가방을 뒤적였다. "빌의 무덤이 잘 있냐고 하시네. 그 애가 네 남동생이니?"

아이는 그렇다고 대답하려 했지만, 대답이 나오지 않았다.

"무덤은 괜찮아요." 아드리아니 부인이 대답했다. "내가 잘 관리하고 있어요. 우리는 몇 주마다 무덤에 갑니다. 그건 의무죠, 당연해요. 그리고 무덤은 그곳에서 잘 관리하고 있어요. 내가 감독하고 있어요, 나는 책임을 다합니다."

"그래요, 그렇죠……." 공주가 말했다. "그리고 여기 너한테 줄 것 가져왔어, 인형이야! 자! 다른 아이들하고도 잘 노니?"

아이는 걱정스레 위를 올려다보고 인형을 받았다. 눈이 흐려졌다. 아이는 훌쩍였다. 다시 한 번 훌쩍였다. 그러더니 갑자기 고개를 숙이고 울기 시작했다. 정말 딱했다. 울음이 모든 것을 뒤집었다. 아드리아니 부인이 벌떡 일어나더니 아이 손을 잡았다.

"이제 방을 나가 위층으로 올라가라……. 여긴 네가 있을 곳이 아냐! 엄마의 인사는 벌써 들었다, 그러니……."

"잠깐만요." 내가 말했다. "아다, 엄마한데 뭔가 중요한 것 부탁할 게 있으면 말이다, 우리는 그립스홀름 성에 있어!"

"여기에서는 중요한 것을 부탁할 게 아무것도 없어요." 아드리아니 부인이 정말 큰 소리로 말하더니 아이를 데리고 문 쪽으로 성큼성큼 가버렸다.

"여기서……. 빨리 위로 가! 여기서는 부탁할 게 있으면 나를 통해 부탁하게 될 거야. 그리고 너는 그걸 알고 있고……."

그녀는 밖에서 계속 말을 했고, 우리는 그녀가 야단치는 소리를 들었지만, 더 이상 아무것도 알아들을 수가 없었다.

"내가……."

"문제 일으키지 마." 공주가 말했다. "아이가 그 치다꺼리를 해야만 할 거야. 우리 취리히로 전화하자, 그런 다음 어떻게 되나 보자!"

우리는 자리에서 일어났다.

아드리아니 부인이 돌아왔다. 얼굴이 새빨갰다.

"이제 당신들한테 한마디 해야겠어요." 그녀가 소리쳤다. "당신들이 또 다시 감히 여기를 들여다볼 생각을 한다면, 그때는 경찰에 신고하겠어요! 당신들이 여기서 들쑤시고 다닐 일은 아무것도 없어요! 아시겠어요! 그건 정말 뻔뻔스러운 짓이에요! 즉시 내 집을 나가세요! 두 번 다시 내 집 문턱도 넘지 말아요! 그리고 여기를 정탐하는 짓을 또 다시 한다면, 나는…… 나는 개를 한 마리 갖다 놓을 거예요."

그녀는 마치 자신에게 하듯 이렇게 말했다. "콜린 부인에게 편지하겠어요, 그녀가 어떤 사람을 골랐는지. 근데 그 편지는 어디 있어요?"

나는 공주에게 눈짓했다, 아무도 대답하지 않았다, 우리는 천천히 문 쪽으로 갔다. 나는 아드리아니 부인이 살짝 의심을 하고 있는 게 느껴졌다.

"편지는 어디…… 어디 있어요?"

우리는 말하지 않았다, 우리는 작별 인사도 하지 않았다. 그녀는 벌써 작별 인사를 했지만 우리는 입을 꾹 다물고 방 밖으로 나왔다. 위협? 위협하는 자는 약하다. 우리는 아직 취리히에 전화하지 않았다.

우리가 이미 문간에 서 있는 걸 그 여자가 보자, 그녀는 목청껏 소리를 질러댔다. 건물 아래 지하실의 돌바닥을 울리는 급한 발소리가 들렸다. 그곳에서 하녀들이 함께 달리면서 엿듣고 있었던 것이다.

"절대, 절대로 당신들이 이곳에 오지 못하게 할 거예요! 썩 꺼져요! 다시는 오지 말아요! 대체 당신들 누구예요……. 두 사람이 성도 서로 다르고! 차라리 결혼을 해요!"

그녀가 있는 힘껏 소리를 질렀다. 그런 뒤 우리는 밖으로 나왔다. 문이 쾅하고 닫혔다. 쾅. 거기 우리는 서 있었다.

"흠." 내가 말했다. "커다란 승리였어."

"아, 대디. 거기서는 아무것도 할 게 없어. 정말 독종이야. 이제 어떡하지?"

"스웨덴식으로 말하자면, 우리는 창백한 거절을 받은 거야. 자 전화나 하자."

"집에 도착하는 대로 곧. 하지만 당신이 콜린 부인한테 여기서 있었던 일을 제대로 말하지 않으면……. 그 꼬맹이 모습이 어땠는지! 아주 맥이 빠졌어……. 매도 맞았고! 그 여자가 우리한테 소리를 박박 질러댔어……. 그 여자는 정말 고집불통이야! 하느님 맙소사, 그 여자는 기름에 넣고 끓여야해!"

나는 그건 너무 비싸게 먹힌다고 생각했다.

우리는 빌리가 기다리고 있을 작은 숲으로 갔다. 가면서 아드리아니 부인 욕을 엄청 했다. 그리고 빌리를 찾았다.

"빌리! 빌리!"

아무것도, 전혀 아무 흔적도 없었다.

"그 붉은 머리카락의 악마는 행복할까?"

"대디, 넌 가끔 이상한 질문을 해! 그 여자가 행복하냐고……! 그 아이가 불행해! 젠장, 우리 이제 뭘 해야 하지? 우리는 아이를 도와야만 해. 그냥 쳐다보고만 있을 수는 없어! 동정만 하고 있을 수는 없어! 젠장! 빌리!"

우리는 하마터면 그녀 위로 엎어질 뻔했다.

그녀는 이끼 낀 작은 구릉 뒤에, 땅이 주름진 곳에 배를 깔고 엎드려 있었다. 긴 다리를 구릉 위쪽으로 쭉 뻗은 채, 책을 읽으면서 가끔 두 발을 부딪치고 있었다.

"응? 자, 뭘 했는데……, 어땠어?"

우리는 둘이 동시에 이야기를 했다. 이제 아드리아니 부인은 거의 불이 활활 타오르는 산이 되었고, 크고 작은 악마들이 사는 지옥 전체가 되었으며, 원숭이 춤 학교의 교장이고 소름끼치는 괴물이 되었다. 그렇다, 그 여자는 정말 만만치 않은 사람이었다.

나는 두 여인이 이야기하고 있는 동안, 둘을 바라보았다. 둘이 얼마나 서로 다른지! 공주는 불이고 불꽃이었다. 아이에 대한 짠한 마음이 그녀를 격분시켰고, 그녀의 심장을 불꽃 튀게 만들었다. 빌리는 아이를 가엾게 여겼다. 하지만 그것은 마치 낯선 사람이 지하철에서 "실례합니다!"라고 말하는 것 같았다. 그녀는 기품 있고 행실이 바르며 완전히 냉담하게 아이를 동정했다. 어쩌면 그녀가 이 모든 것을 같이 경험하지 않았기 때문일 것이다……. 수많은 사람들이 냉담한 이유는 그들한테 판타지가 부족하기 때문이다.

"우리 산책 조금 더 할까?" 공주가 말했다.

"어디로?"

"같이 갈래……? 난 무덤을 좀 보고 싶어. 그런 괴물이……."

붉은 머리카락의 그 여인을 향한 분노의 폭풍이 천천히 몰려왔다. 우리는 보육원 둘레를 넓게 빙 돌았다.

공주가 말했다. "곧, 집에 가면 곧 취리히에 연락을 하자. 우리는 아이를 꼭, 꼭 거기서 빼낼 거야! 아드리아니 부인은 뭐 매력이 없진 않군!"

빌리는 나직이 혼자 휘파람을 불었다. 나는 어두컴컴한 나무숲을 뚫어지게 바라보면서, 나뭇잎을 보고 알아차렸다. 나는 빌리를 갖고 싶었다, 그녀를 얻지 못할 것임을 느꼈다, 그리고 이제는 그녀를 뤼디아보다 낮게 평가하는 도덕적 이유가 있었다. 빌리는 심장이 없었다. 너는 그녀의 심장을 사랑했었나, 너 거짓말쟁이야? 그녀는 정말 다리가 길었다……. 그렇다, 하지만 그녀는 심장이 없었다.

우리는 천천히 숲을 가로질러 갔다. 두 여인은 얘기를 하더니 이제 뒷담화를 시작했다. '뒷담화', 이것은 누군가를 헐뜯는 수다이다. 너무 빨라서, 무슨 말을 하는지 전혀 감을 잡을 수가 없었다. 어쩌고저쩌고……. 유감이다, 다른 사람이 우리에 대해 말할 때, 참여할 수 없다는 건. 거기에 참여하면 자신에 관한 제대로 된 의견을 어느 정도 얻을 수 있을 것이다. 그런데도 거기에 참여하지 않는 것은 그렇게 엄숙하지 않게, 그렇게 빨리, 그렇게 냉담하고 아무것도 개의치 않으면서, 인간이라는 병에다 라벨을 붙이는 것이 가능하다고, 이런 일이 사방에서 일어나는 게 가능하다고, 아무도 믿지 않기 때문이다. 다른 사람에게 라벨을 붙이는 게 가능할까, 그리고 우리 자신에게도?

빌리가 말했다. "…… 그는 그녀에게 약속하지 않았어, 그리고 일의 진척 상황으로 보면, 아무것도 약속하지 않았어."

"그녀가 멍청한 거야." 뤼디아가 말했다. "우리 아빠가 늘 말하는 것처럼, 물품 수령 시에는 물건을 받고 그리고 돈을 주는 거야. 신뢰! 신뢰! 확실한 방법은 딱 한 가지야, 마름쇠[57]. 어때?"

이상한 일이다. 그녀가 어떻게 그것을 아는지. 그렇게 나쁜 경험을 한 적이 전혀 없을 텐데……

빌리는 댄서처럼 걸었다. 몸에 붙은 모든 것이 탄력 있게 움직였다. 그녀는 독특한 천으로 된 옷을 입었다. 뭐라고 부르는지 모르겠다. 화려하고 거칠게 짠 옷감이었다. 그녀는 오늘은 신혼 천막에서 치마를 만드는 인디안 여인처럼 보였다. 엄청나게 많은 팔찌를 끼고 있는 인디안 여인! 나는 생각했다, 그녀는 곧 팔을 허공으로 뻗을 것이다, 아름다운 야생녀, 그리고 사랑의 환호를 지르며 숲으로 달려갈 것이다, 다른 사람들에게로……. 유감이다, 그녀에게 심장이 없다는 건.

"봐, 저기 뒤에 무덤이 있어! 자, 저녁 먹기 전까지 갔다 올 수 있을 거야. 자!"

우리는 서둘러 갔다. 가벼운 바람이 일더니, 힘이 더 세졌고, 가랑비가 내리기 시작했다. 가끔 바람이 바다의 입김처럼 바다에서, 발트 해에서 뭔가를 실어왔다.

이제 우리는 도착했다. 거기에는 작은 나무문이 있었고,

---

5 7   마름쇠: 도둑이 들어오는 것을 막기 위해 바닥에 뿌려 박아놓은 뾰족한 쇠붙이.

나지막한 돌담 위로 고목들이 우뚝 솟아 있었다.

오래 된 묘지였다. 한편에 비바람에 상하고 약간 무너진 무덤들 사이에 그것이 있었다. 다른 쪽에는 무덤들이 예쁘고 단정하게 줄과 열을 맞추어 늘어서 있었다……. 잘 돌봐진 채로. 아주 조용했다. 죽은 자들을 오늘 오후 방문한 사람들은 우리뿐이었다. 누구를 방문했을까? 사람들이 죽은 자들에게 갈 때는 그저 자기 자신을 방문하는 것이다.

"어느 줄이지……? 기다려 봐, 그녀가 여기 편지에 적었어. 18번째……. 아니, 14번째……. 하나, 둘……, 넷, 다섯……"

우리는 찾아다녔다.

"여기다." 빌리가 말했다.

거기 무덤이 있었다. 아주 작은 무덤이었다.

빌헬름 콜린
…… 탄생 …… 사망

바람에 흩어진 꽃 몇 송이. 우리는 무덤 앞에 섰다. 아무도 말하지 않았다. 그게 조금 전의 장면이었든 아니면 그게 그렇게 작은 묘지였다는 사실이었든, '빌헬름 콜린'이라는 글자와 작은 무덤 사이의 이 대조, 그것은 사실 빌헬름이 아니었고, 보호되어야만 할, 저항력 없는 작은 살덩어리였다. 나는 더 이상 떨어지는 눈물을 막을 수 없었다. 눈물이 흘러 내렸다.

"울지 마." 공주가 말했다. 그녀는 눈을 깜빡거렸다. "울지 마! 이건 울기에는 너무 진지해!"

빌리 앞에서 나는 부끄러웠다. 그녀는 우리를 아주 안쓰럽게 쳐다보았다. 그녀의 눈길이 따뜻했다. 그녀는 공주한테 조용히 무슨 말인가를 했다. 그리고 이제 둘이 나를 쳐다보았을 때, 나는 뭔가 친근한 것이 있다고 느꼈다. 나는 빌리를 갈망했었다는 사실을 잊고, 공주에게로 도망쳤다.

그립스홀름에서 우리는 취리히에 전화했다.

3

"거기서 소위 말하는 도덕이 윤리랑 싸우고 있어." 공주가 말했다.

방의 커다란 탁자에 앉아 있을 때, 우리는 여전히 웃고 있었다. 안데르손 부인이 빌리에게 설명했다. 사람들이 자주 "모든 스웨덴 사람들이 벌거벗은 채 수영을 한다."고 말하는데, 그것은 사실이 아니라는 것이다. 물론, 가끔, 해안가 절벽에서 친한 사람들끼리만 있을 때는……. 하지만 그건 그렇고 다른 모든 사람들처럼 그들도 어떤 경향에서 보면 별로 미개하지 않다고 했다. 누군가 볼 때마다, 기꺼이 돈을 낸다면 모를까.

밖에는 비가 진주로 된 줄처럼 주룩주룩 내렸다.

"근데 아주 기쁜 비야." 빌리가 말했다.

그랬다. 비는 힘차게 맹렬히 쏟아졌다. 위쪽 하늘에 짙은 갈색 구름이 몰려들었다. 어쩌면 우리만 기뻤는지도 몰랐다. 어쨌든, 여기 뽀송뽀송한 방에 앉아서 이야기하는 것은 멋졌다. 빌리는 무슨 향수는 쓰는 걸까?

"빌리, 무슨 향수 써요?"

공주가 냄새를 맡았다.

"뭔가를 섞었는데." 공주가 말했다.

빌리는 살짝 얼굴을 붉혔다. 나한테만 그렇게 보였나?

"그래, 조제했어. 난 항상 약간 내 식대로 만들어……."

하지만 그녀는 무엇을 섞었는지 이름을 대지는 않았다.

"빌리, 나 좀 도와줘, 도와줄 거지? 봐!"

공주는 어제부터 어려운 십자말풀이 게임을 하고 있었다.

"여기, 아시아의 홀란드……. 아냐, 이건 했어. 여기. 오리엔트의 남성 이름……. 벤드리너? 아냐, 맞을 리가 없어. 캇첸 엘렌보겐……? 이것도 아냐……. 프리츠헨! 말해봐!"

"근데 저이 이름이 대체 뭐니?" 빌리가 짜증스레 물었다.

"어떤 때는 페터라고 부르고, 어떤 때는 대디, 그리고 지금은 다시 프리츠헨……!"

"저 사람 이름은 쿠-에르트야." 공주가 말했다. "쿠-에르트…… . 그건 이름이 아니야. 시장들처럼 팬네난트나 울러리히라는 이름이었더라면!"[58]

모든 것에 대한 경멸. 하지만 이제 빌리의 교육열이 자극을 받았다. 두 여인은 신문에 머리를 숙이고 있었다. 나는 느긋하게 그 옆에 앉아 지켜보았다. 그곳에, 그렇게 두 사람 앞에…… . 꼬끼오. 내 속에서 아주 나직이 이런 소리가 울렸다, 꼬끼오…… . 그녀들은 속닥거렸고, 몸을 숙여 키득거렸다. 나는 조금 피다 두었던 새 파이프를 빼어 물고 남성의 친절한 탁월함을 보여주는 표정으로 앉아 있었다. 막 빌리가 뭔가를 말했는데, 약간 방탕한 상상을 하면 아주 이중적인 의미를 가질 수 있는 그런 것이었다. 공주가 재빨리 내 쪽을 처다보았다. 이것은 비밀을 맹세한 사람들 사이의 동의 같은 것이었다. 밤에 비밀을 맹세한 사람들…… . 낮에는 밤에 대해 거의 아무 말도 하지 않는다. 그러나 밤은 낮 속에 있고, 낮은 밤 속에 있다. "아직도 나를 사랑해?" 이 말은 옛날이야기 속에 있는 것이다. 그런 다음에는, 그런 다음에는!

그들은 십자말풀이를 포기했다.

"저녁 먹고 나서 다시 한 번 해보자." 빌리가 말했다. "근데

---

58 '쿠르트', '페르디난트', '울리히'라는 이름을 방언으로 발음함.

두 사람은 여기서 잠이 잘 와요? 나는 집에서 보통은 늘 잠자리에서 책을 읽는데, 여기서는 정말 쉽게 잠이 들어……."

"너는 피르크스 남작 부인처럼 해야 해." 공주가 말했다. "피르크스 남작 부인은 당연히 쿠를란드 출신인데, 쿠를란드 사람들은 유럽의 약사라고 할 수 있지. 그들은 모두 살짝 미쳤어. 근데 그 노부인은 밤에 잠이 안 오면 흔들이 목마에 앉아서 시소를 탔어, 아주 오래, 잠이 올 때까지……. 응? 뭐지?"

노크 소리가 났다. 머리 하나가 문 안쪽으로 쑥 내밀었다.

"전화? 취리히다!" 우리 셋은 달려 나갔다.

전화기 앞에서 작은 소동이 일었다.

"내가……, 날 좀 놔 줘……, 젠장……, 내가 하게 둬!"

내가 받았다.

"여보세요."

아무 대답이 없었다. 장거리 전화에서 늘 그렇듯이. 처음에는 아무 소리도 안 들렸다. 진동판이 낮게 지지직거리는 소리만 들렸다. 이 소음은 전화하는 나라에 따라 달랐다. 예를 들면, 프랑스로 전화를 할 경우에는 전화선을 통해 은빛처럼 맑은 물 흐르는 듯한 소리가 들렸다. 파리에 대해서는 이런 식의 그리움을 갖는다……. 지금 전화에서는 지지직거리는 소리가 울린다. 아마 정치 회의 때문에 스위스까지 구리로 만든 전화선을 새로 놓았나보다…….

"마리에프레드? 연결해주세요!"

그런 뒤 분명하지만 낮게, 슬픈 목소리가 들렸다.

"콜린이에요. 저한테 편지 보내셨죠? 아다는 어떻게 지내요?"

"걱정시켜드리고 싶지는 않습니다만, 아다는 그곳에서 나와야 해요."

"네, 근데 왜요? 세상에……."

"아닙니다. 아이는 건강해요. 오늘 저녁에 다시 한 번 자세한 편지를 쓰겠지만, 이 아드리아니 부인은 이상한 교육자입니다. 아이는 정말 겁을 잔뜩 집어먹은 표정이었어요, 아이는…….."

나는 실토했다. 다 털어놓았다, 모든 분노, 모든 동정심 그리고 오늘 오후의 패전으로 인한 복수심과 그런 지배욕 강한 여성에 대한 혐오……. 모든 걸 다 실토했다. 콜린 부인은 잠깐 동안 아무 말도 안했다.

"여보세요?"

"네, 그런데 우리가 뭘 해야 할지…….."

공주가 나를 밀치고 뭐라고 귓속말을 했다. 나는 머리를 흔들어 거부했다. 그만 해!

"우리가 아이를 데려올 수 있게 편지 한 통 써주시면 좋겠습니다. 보육원에 지불해야할 돈이 있다면 수표를 우리에게 보내주세요……. 예상하신 금액보다 많을 경우에는 제가 빌려드리겠습니다. 그리고 그 여자한테로 편지 보내지 마세요. 그러면 그 여자가 아이를 곧바로 내보내지 않고 더 힘들게 할 겁니다. 그러니까 우리한테 보내주세요. 부인의 글씨를 아드리아니 부인이 알아보겠죠. 자, 동의하시나요?"

망설임의 침묵. 나는 베를린에 있는 신원보증처를 댔다.

"네, 그렇게 생각하신다면……. 아…… 그런데 대체 애를 어째야 할지?"

"제가 스위스에 일이 있습니다. 제가 아다를 데려다 드리겠습니다. 그리고 우리는 그 애가 있을 다른 곳을 찾아볼 수 있을 겁니다. 하지만 저곳에서는 나와야 합니다. 정말로. 그럴 수는 없어요. 동의하시나요?"

그녀의 목소리는 탄식하는 듯 했지만, 아까보다 약간 확고하게 들렸다.

"도와주시니 정말 친절하시군요. 저를 전혀 모르시는데도!"

"제가 거기서 일어나는 일을 봤어요, 아시겠어요……. 그럴 수는 없어요. 이제 됐죠?"

"네. 그렇게 해요."

그러고 난 뒤에도 몇 가지 더 정중한 설왕설래. 뚝. 전화 끊

김. 끝. 두 여인은 되는 대로 춤을 추며 방 안을 돌았다. 나는 잠시 더 수화기를 손에 들고 있었다.

"다행이야……." 내가 말했다.

"그녀도 이제 그렇게 한대?" 공주가 약간 숨을 헐떡이며 물었다.

"그녀가 뭐라고 말했어요?" 빌리가 물었다.

이제는 그녀도 벌써 조금은 사건에 집중했다. 이제 더 이상 오늘 오후처럼 그렇게 정중한 태도로 참여하지 않았다. 전쟁동지 빌리……. 나는 보고했다. 그런 뒤 우리 셋 모두 춤을 추었다.

"그것 참 멋지군!" 뤼디아가 말했다. "그녀 편지가 언제 도착할까? 오늘은 화요일이야. 수요일……, 목요일……, 3일 뒤, 어때?"

우리는 모두 서로 목청을 돋우며 말을 했고, 정말 기분이 좋았다. 마음속에서 이런 생각이 들었다. 선행은 달콤하다, 복수에는 이자가 붙나니, 너희 이웃을 사랑하라, 망치가 모루를 사랑하듯.

"아가씨들을 목초지로 몰고 가도 될까요?"

우리는 밥을 먹으러 갔다.

"빌리!" 내가 말했다. "만일 늙은 추밀고문관 괴테가 이걸 봤다면! 와인에 물을 타다니요! 대체 어디에서 그런 못된 습관을 배우셨어요! 그릴파르처가 그렇게 하자 괴테가 이렇게 말했어요. 아니면 괴테가 다른 사람한테 말했던가? 어쨌든 그가 그렇게 말했어요."

"나는 술을 많이 못 마셔요." 빌리가 말했다. 그녀의 목소리는 은반지가 그릇에 떨어지는 소리 같았다.

"마고보다 더?" 공주가 물었다.

"마고……." 빌리가 말하고는 웃었다. "내가 그녀한테 물어본 적이 있어. 약간 술이 취하면 어떤 짓을 잘하냐고. 그 애는 사실 아직 한 번도 그런 적이 없어. 그녀가 이렇게 말했어. 내가 술이 취하면, 어떤 짓을 할지 상상이 가. 아마 나는 탁자 아래 누워서, 모자를 비딱하게 쓰고는 계속 야옹! 소리를 낼 거야라고 했어."

부드러운 레드 와인을 따랐다. 빌리는 과감하게 들이켰다. 공주가 나를 쳐다보더니, 술 맛을 보고는 말했다.

"레드 와인은 정말 좋아하지 않아. 이걸 돌아가신 보르도 씨께서 아신다면……."

그 뒤 우리는 취리히와 그 어린 것에 대해 다시 이야기했다. 그리고 빌리는 점점 더 기분이 좋아졌다. 아마 우리가 레드 와인을 마시는 걸 봤기 때문일 것이다. 공주는 그녀의 옆모습을 흐뭇하게 바라보았다.

나는 몰래 하품을 했다.

"그래, 전부 침대로 보낼 거지?"

공주가 물었다.

"나는 콜린 부인한테 편지 쓸 일이 남아 있어. 당신들은 십자말풀이나 풀어!"

둘은 그렇게 했다. 나는 편지를 썼다.

오늘밤 타자기가 왜 이러는지! 때로 제대로 작동하지 않았다, 고물 같으니. 키가 덜거덕 걸려버리기도 하고, 글자가 쳐지지 않기도 했고, 리본이 걸리기도 했다. 나는 주먹으로 쳤다…….

"헤이, 헤이, 헤이!" 공주가 이쪽을 보며 외쳤다. 그녀는 이기계에 익숙했다. 나는 창피해서 얌전히 계속 편지를 썼다. 그렇게, 편지는 다 썼다. 편지가 너무 무거울 것 같았다……. 여기 저울 없을까?

"당장 편지를 우체국에 가져갈 거야!"

비가 왔다. 상쾌하게 내리는 빗속을 걷는 것은 참 멋졌다……. 옛날 속담이 뭐였더라? 나쁜 날씨는 없다, 좋은 옷만 있을 뿐이다. 자, 나쁜 날씨가 있다. 실패한 날씨가 있다. 공허한 날씨가 있다. 그리고 때로는 날씨가 없기도 하다. 비가 내 입술과 친구를 맺었다. 나는 빗물 맛을 보았고, 숨을 깊이 쉬었다. 여기에는 다른 것은 아무것도 없다, 휴가, 스웨덴, 공주, 빌리뿐. 하지만 이것은 네가 훗날 또다시 기억해야 할 순간들

중의 하나이다. 그렇다, 당시, 그 당시 너는 행복했었다고. 그리고 내가 바로 그 사람이었고, 이것에 감사했다.

돌아왔다.

"그래, 다 풀었어?"

아니다, 그들은 아직도 풀고 있었고 막 심각한 싸움을 하는 중이었다.

"교회사의 아버지."

두 사람은 뭔가 터무니없는 생각을 하고 있는 게 분명했다. 왜냐하면 이 하나의 단어를 위해서는 8개의 음절이 남았다. 그중에 들어갈 음절을 생각해낸 것이 '에-디-슨'이었다. 그가 살면서 정말 많은 일을 했고, 그의 시대를 개혁했지만, 교회사와는 아무 상관도 없었다.

"나중에 풀어!" 내가 말했다.

"나중 언제요?" 빌리가 물었다.

"이제 그만 자자."

"빌리는 오늘 나랑 잘 거야." 공주가 말했다. "당신은 옆방 침실에서 자도 돼!"

"야호!" 두 여인이 소리쳤다.

"뭐 문제 있어요?" 빌리가 나한테 물었다.

"하지만……!"

그러고는 그녀는 달려가서 자기 물건을 가져왔다. 모든 여인이 행복하기 위해 필요로 하는 그 사소한 물건들을.

"저 애가 당신을 맘에 들어 하네, 내 아들." 공주가 말했다. "나는 저 애를 알아. 저 애 정말 친절하지 않아?"

그러면서 공주는 방을 치우고 빌리의 방을 점검하기 시작했다. 그리고 정말 엄청나게 흥분했다.

"꽃을 어디다 놓을까?"

"화장대 위에 놔!"

그것은 오래 묵은 보르도가 아니었다. 묵직한 보르도였다. 방은 흐릿한 램프 빛 속에 놓여 있었다. 정말 따듯하고 은밀했다. 우리는 서로 안아 주었다.

"벌써?" 내가 물었다.

두 여인은 자려고 했다.

"잠자리에 들면, 문을 열어놔 줘. 당신들 말소리를 들을 수 있게." 내가 말했다.

나는 내 방으로 가서 옷을 벗었다. 그런 뒤 노크를 했다.

"당신……!" 공주의 목소리가 들렸다. "고결한 숙녀들의 화장을 방해하다니! 파렴치한! 바람둥이! 푸른 수염! 멍청한 족속!"

그런데 내 오 데 콜롱은 어디 있지? 내 오 데 콜롱은 저 안에 있다. 이럴 수가! 나는 세련된 남자다. 나는 다시 노크했다. 바스락 소리.

"네?"

나는 들어갔다.

두 사람은 침대에 누워 있었다. 빌리는 내 침대에 있었다. 그녀는 눈부시게 화려한 파자마를 입고 있었다. 수백 송이의 꽃이 만발했다. 그녀는 지금 마하라자[59]의 야성적인 애첩처럼 보였다……. 그녀는 십자말풀이를 미소를 지으며 보고 있었다. 거의 예쁘게 보였다.

"뭐 하려고?" 공주가 물었다.

"내 오 데……."

"우리가 다 썼어." 공주가 말했다. "울지 마. 내일 새로 사 줄게!"

나는 투덜댔다.

"문제는 다 풀었어?"

"필요하면 부를게……. 잘 자라는 말은 해도 돼!"

나는 그녀들 가까이 다가가서 각각에게 기품 있게 잘 자라는 인사를 했다. 허리를 두 번 깊이 숙이면서.

"빌리, 멋진 향수를 뿌렸군요!"

그녀는 아무 말도 하지 않았다. 나는 그게 뭔지 알았다. 향

---

59 마하라자(maharaja): 산스크리트어로 대왕이나 상급왕을 뜻한다. 몇몇 인도 번왕국에서 군주의 호칭으로 사용하였다.

수가 그녀의 피부 위에서 '작용'을 했다. 그것은 향수뿐만이 아니었다. 그것은 그녀의 피부였다. 그녀는 자신을 위해 제대로 된 향수를 골랐다. 공주는 키스를, 아주 약한 유감스러운 키스를 받았다. 그런 뒤 나는 나왔다. 문은 열어놓았다.

"준 보석." 나는 빌리의 목소리를 들었다.

"준 보석이라…… 잠깐, 사파이어…… 아냐. 루비…… 아냐. 오팔……. 이것도 아냐. 뤼디아!"

"토파스!" 내가 내 방에서 외쳤다.

"그래, 토파스! 아주 영리한 아이야!" 공주가 말했다.

"자, 아냐, 맞지 않아. 잠깐만."

이제 그들은 드잡이를 했다. 침대가 삐걱댔다. 종이가 부스럭댔다.

"히!" 빌리가 아주 높은 소리로 외쳤다. 뭔가 찢어졌다.

"바보!" 공주가 말했다.

"와 봐. 이제 그걸 다시 종이에 써보자……. 여기 뭔가 맞지 않아! 우리가 칸을 잘못 메웠어……."

"양피지 박사는 십자말풀이를 연필 없이도 풀 수 있어!" 내가 소리쳤다.

그들은 들은 척도 안 했다. 놀이에 아주 열중했다. 침묵.

공주가 말했다. "숨결……. 너 이런 것 봤어? 숨결이 뭐야?

"호흡!" 빌리와 내가 동시에 말했다. 마치 의견의 일치라도 된 것 같았다. 뤼디아와 빌리는 다시 드잡이를 했다.

"이건 완전히 틀렸어! 감각적으로 인지 가능한 모든 것, 감각적으로 인지 가능한 것……."

이제 둘은 분명 수수께끼의 막바지에 있는 것 같았다. 왜냐하면 다시 아주 조용해졌기 때문이었다. 더 이상 아무 소리도 들리지 않았다.

"난 모르겠어……. 이건 분명 인쇄 오류야!" 공주가 말했다.

"십자말풀이에서 인쇄 오류는 없어!" 내가 말했다.

"입 다무시지, 늙은 아저씨!"

"내가 할게……."

"이리 줘봐……."

"무슨 해답이 있어?"

두 사람이 말했다. "우리는 모르겠어."

"어른이 가야겠군." 내가 말했다. "들어갈게."

나는 일어나 두 사람의 방으로 들어갔다.

나는 의자를 끌어 와 공주 옆에 앉았다. 잠시 의자는 내 손에서 흔들렸다. 빌리한테로 가고 싶었다, 의자는.

"자 이리 줘 봐!"

나는 읽었다. 종이를 아래로 던졌다가 다시 들어 올렸고, 연필로 새 종이에다 답을 써보았다. 두 여인은 나를 비웃듯 쳐다보았다.

"자?"

"그렇게 빨리는 안 돼!"

"저이도 모르네!" 빌리가 말했다.

"우리 우선 레드 와인이나 마시자!" 내가 말했다. 그렇게
했다.

"아주 훌륭하군." 공주가 말했다. "주부는 레드 와인 얼룩
을 아주 좋아해, 특히 침대보에 떨어진 걸! 이 늙은 망나니!"

나한테 하는 소리였다.

"빨면 없어져." 내가 투덜댔다.

"소금 얼룩은 레드 와인을 그 위에 부으면 없어져." 공주가
가르쳐줬다.

그런 뒤 두 여인은 다시 엎드려서 신문의 문제를 풀었다.
하지만 진척은 없었다. 빌리는 이마 위의 머리카락을 쓸어 올
렸는데, 아기 같아 보였다. 빌리의 어린 모습 같았다. 그녀의
얼굴은 얼마나 동그란지, 얼마나 동그란지.

"가……. 가-지뿔!" 빌리가 소리쳤다.

"가지뿔! 사냥 전리품을 위한 것! 봤지, 우리는 조금 전
까지는 몰랐어! 그런데 chrys로 시작하는 단어는 뭘까.
chrys……."

"나도!" 이제 나는 공주 옆에 반쯤은 침대에 누워, 연필로

쓰고 있는 것을 뚫어지게 쳐다봤다.

"크리소프라스[60]!" 내가 갑자기 말했다. "크리소프라스! 이리 줘 봐!"

두 사람은 놀라서 말이 없었다. 나는 나의 어휘력을 즐겼다. 우리는 귀를 기울였다. 바람이 창문을 때렸다. 밖에는 밤비가 드럼을 치듯 쏟아지고 있었다.

"춥다……." 내가 말했다.

"이리 와!" 공주가 말했다.

"괜찮지, 빌리?"

빌리가 허락했다. 나는 아주 조용히 공주 옆에 누워있었다.

"셰익스피어의《폭풍우》의 등장인물."

뤼디아의 온기가 점차 내게로 전해졌다. 뭔가가 미세하게 내 등을 따라 내려갔다. 빌리는 담배를 피우며 천장을 쳐다보았다. 나는 손을 그쪽으로 뻗었다. 그녀가 내 손을 잡고 부드럽게 쓰다듬었다. 그녀의 반지가 희미하게 빛났다. 우리는 잠시 더 그렇게 나란히 어린 짐승처럼 누워있었다. 함께 있어 포근했고, 우리가 같이 있어 기뻤다. 나는 안전하게 두 여인 사

---

60 크리소프라스(chrysoprase): 녹옥수(綠玉髓). 석영의 은정질 형태인 옥수(玉髓) 중 소량의 니켈을 포함하는 보석이다. 색은 주로 밝은 녹황색이나, 짙은 녹색을 띄기도 한다.

이에 있었다. 빌리가 목에서 가르릉 소리를 내기 시작했다.

"왜 가르릉 거려?" 뤼디아가 말했다.

"그냥 가르릉 거려." 빌리가 말했다.

《폭풍우》의 등장인물……. 그게 그 단어였나? 폭풍우? 벌들은 다른 벌들이 화가 나서 붕붕대는 소리를 들으면, 자기들도 화를 낸다. 그게 폭풍우라는 단어였나? 위쪽 견갑골에서 그게 시작되었다, 나는 아주 약간 몸을 폈다. 공주가 나를 쳐다보았다.

"뭐해?"

아무도 말을 하지 않았다. 빌리는 내 손톱을 갖고 딱 소리를 냈다. 우리는 신문을 떨어뜨려 버렸다. 완전 고요했다.

"빌리한테 키스해!" 공주가 낮은 소리로 말했다. 내 횡경막이 부풀었다. 여기가 영혼의 자리인가? 나는 몸을 일으켜 그녀에게 키스했다. 그녀는 처음에는 그냥 나를 내버려두는 정도였지만, 나중에는 마치 나를 마셔버릴 듯 했다. 오래, 오래……. 그런 뒤 나는 공주에게 키스했다. 그것은 타지에서 고향에 돌아온 것 같았다.

폭풍우.

그것은 미풍처럼 시작되었다. 우리는 '자제력을 잃었다.' 왜냐하면 우리 각자는 다른 사람의 부분이기 때문이었다. 그것은 놀이였다, 천진난만한 호기심, 낯선 품에서 느끼는 기뻠……. 나는 두 사람이었다, 나는 비교를 해보았다. 세 쌍의 눈이 서로를 쳐다보았다. 그들은 부채를 펼쳤다, 여성이라는 부채를. 그리고 빌리는 다른 빌리였다. 나는 놀라서 그 모습을 바라보았다.

그녀의 모습, 늘 약간 낯선 모습이 부드러워졌다. 눈이 빛났고, 긴장이 풀렸고, 기지개를 켰다……. 파자마가 화려하게 꽃을 피웠다. 약속한 것은 없었다. 모든 것이 익숙한 듯했다. 마치 그렇게 되어야만 하는 것 같았다. 그리고 그때 우리는 자신을 잃어버렸다.

그것은 마치 누군가 오랫동안 봅슬레이를 잡고 출발점에 서 있다가, 막 출발한 것 같았다. 이제 썰매는 계곡을 향해 슉 소리를 내며 쏜살같이 달렸다! 우리는 인간을 억누르고 향상시키기도 하는 것, 가장 깊은 곳으로 또 가장 높은 곳으로 가게 하는 그것에게 우리를 맡겼다……. 나는 더 이상 아무것도 알지 못했다. 욕망이 쾌락으로 상승되었고, 꿈이 더욱 선명해졌다. 나는 그들에게, 그들은 나에게 빠져들었다. 우리는 세상의 고독에서 빠져나와 서로에게로 달아났다. 한 줌의 사악함, 한 숟가락의 아이러니가 함께 했지만, 감상적인 것은 없었다. 아주 많은 의지와 아주 많은 경험과 아주 많은 순수함이 함께 했다. 우리는 속삭였다. 우리는 서로에 대해, 그런 뒤에는 우리가 한 것에 대해 이야기했다. 그러고는 아무 말도 하지 않았다. 우리가 서로에게 행했던 그 힘은 한순간도 진정되지 않았다. 한순간도 비약은 없었다. 그대로 유지되었다. 강력한 달콤함이 우리를 가득 채웠다. 이제 우리는 정신이 돌아왔다, 완전히, 완전히 정신이 돌아왔다. 나는 이 에피소드의 많은 것을 잊었다. 하지만 한 가지는 지금도 알고 있다. 우리는 무엇보다 눈으로 서로를 사랑했다.

"불 꺼!" 뤼디아가 말했다.

불이 꺼졌다. 처음에는 방 안에 있는 커다란 샹들리에가, 그런 다음에는 협탁의 작은 램프가.

우리는 아주 조용히 누워있었다. 창문에 약한 빛이 어렸다. 빌리의 심장이 뛰었다. 그녀의 호흡이 가빴다. 공주는 내 옆에서 꼼짝도 않고 있었다. 여인들의 머리카락에서 향기가 풍겼고, 꽃일 수도 있고 향수일 수도 있는 어떤 은은한 것과 섞였다. 빌리의 손이 부드럽게 내 손에서 풀렸다.

"가." 공주가 거의 들리지 않게 말했다.

나는 옆 쪽 빌리의 방에 서서 앞을 바라보았다. 꼬끼오, 내 속에서 아주 나직이 이런 소리가 들렸다. 하지만 곧 사라졌고, 강력한 사랑의 감정이 저기 건너편에 있는 여인들에게로 둥실둥실 퍼져나갔다. 나는 자리에 누웠다.

그녀들이 이야기를 하나? 들리지 않았다. 나는 다시 일어나서 샤워를 했다. 달콤한 피곤함이 엄습했다. 그리고 저쪽으로 가서 그녀들을 장미로 덮어주고 싶은, 불가항력적이라고 할 만한 충동을 느꼈다. 하지만 지금 이 밤에 어디서 장미를 구한단 말인가……. 그건 바로 ― 누군가 문간에 있었다.

"잘 자라는 인사를 해도 돼!" 공주가 말했다.

나는 그 방으로 들어갔다.

빌리가 미소를 지으며 나를 바라봤다. 미소가 깨끗했다. 공주는 그녀 곁에 누워 있었다. 아주 조용히. 나는 다가가 한 명씩 가볍게 입에 키스를 했다. "잘 자……." 그리고 "잘 자……."

밖에는 나무들이 쏴쏴 소리를 내며 무섭게 흔들렸다. 잠깐 나는 침대 옆에 서 있었다.

"그 모든 일이 대체 어떻게 그렇게 갑자기 일어났지?" 공주가 조용히 말했다.

5장

그건 투척이었어! 한스가 말했다 –
그리고 그는 자기 아내를 다락방 창문 밖으로 내던졌다.

1

대개 늦여름에만 오는 일상적인 날들 중의 그런 하루. 화려하고, 후텁지근하고 바람 없는 날. 우리는 호숫가에 누웠다.

몇 미터 앞에는 보트 한 척이, 우리가 수영할 때 사용하는 보트 한 척이 흔들리고 있었다. 물이 아주 약하게 나무에 부딪치며 꾸르륵 거렸다, 위아래로, 위아래로……. 손을 물에 담그면, 약간 차가운 느낌이 들었다. 그러면 다시 손을 뺀 뒤 물기를 바람에 말렸다. 나는 풀줄기를 담배처럼 입에 물고 있었고, 공주는 눈을 감고 있었다.

"오늘은 그저께야." 그녀가 말했다.

이것은 그녀 식의 시간 계산법이었다. 왜냐하면 우리는 모레 출발할 예정이기 때문에, 그날을 기준으로 계산하면 오늘은 그저께였다.

"그녀는 지금 어디에 있을까?" 내가 물었다.

공주는 시계를 보았다.

"지금 말뫼랑 트랠레보리 사이에 있을 거야." 그녀가 말했다. "한 시간 뒤에는 페리 호에 탈거야."

그런 뒤 우리는 다시 입을 다물었다. 빌리, 나는 생각했다, 빌리⋯⋯.

그녀는 떠났다. 조용히, 쾌활하게, 기쁘게, 그리고 아무런 일도 없었다, 아무런 일도 없었다. 나는 기뻤다. 아무 그림자도 없었다. 다행히 없었다. 나는 공주를 쳐다보았다. 그녀는 눈길을 느낀 게 분명했다. 그녀가 눈을 떴다.

"콜린 부인은 어디 있는 거야? 그 사람 정상이 아냐. 어떤 알에서 부화한 거야? 고양이가 낳았나 봐!"

콜린 부인은 편지를 보내지 않았다. 우리는 출발할 예정이다. 우리는 떠나야만 한다. 휴가는 다 지나갔다. 다시 한 번 전화를 할까? 끝으로 마지막으로⋯⋯.

"멍청한 사람." 나는 혼잣말로 욕을 했다. "그 아이를 빼 내와야 한단 말이야! 젠장⋯⋯."

"대디, 당신은 당신 나라를 대표하고 있어."

공주가 아주 품위 있게 말했다. 마치 스웨덴 나무들이 우리의 말을 들을 수 있다는 듯이.

"당신은 예의범절에 대해 생각해야만 해!"

나는 두 음절로 된 단어를 말했다. 그러자 공주가 멜라렌 호수 물을 나한테 살짝 뿌렸다. 그러자 나는 그녀를 호수에 던지려고 했다. 그런데 내가 호수에 빠져 있었다.

나는 코끼리처럼 그녀한테 물을 잔뜩 뿜었다. 그녀는 작은 나뭇가지를 내 머리에 던졌다…… 그런 뒤 모든 게 다 잠잠해졌다. 나는 가까이 기어갔고, 우리는 다시 평화롭게 함께 앉아 있었다.

"근데 우리 정말 뭘 해야 하지?" 내가 물방울을 뚝뚝 떨어뜨리며 말했다. "기다리라고? 우리는 이제 더 이상 기다릴 수가 없어! 당신은 화요일에는 돌아가야 하고, 나 또한 사람들이 애타게 기다리고 있어. 다시 일을 해야만 해! 난 여기서 내 귀한 시간을 당신이랑 낭비하고 있어……"

그녀는 위협적으로 팔을 들어올렸다. 나는 약간 뒤로 물러났다.

"그렇다는 거야. 근데 우리 전화해볼까? 그럴까?"

"이제 마지막으로 수영하자." 공주가 말했다. "조금 있다 그립스홀름에 가면 내가 다 말해줄게. 자, 얍!"

우리는 수영을 했다.

"두고 봐." 나는 그 사이 숨을 헐떡거리며 말했다. "그녀는 안 할 거야, 콜린 부인 말이야. 아마 그녀는 고민 중일 거야.

그 어린 것을 전혀 곁에 두고 싶어 하지 않는 것 같은 인상을 받았어. 어쩌면 그녀는 시계처럼 정확한 생활을 하는지도 몰라…….”

공주가 내 다리를 꼬집었다.

“아니면 그녀가 우리를 못 믿고, 우리가 아이를 납치할 거라고 생각하는 걸 거야. 하지만 그녀가 아드리아니 부인은 믿었잖아. 자, 이제 두고 봐! 이 여편네들! 당신한테 말하는데, 할멈, 만일 그녀 편지가 오늘 오지 않으면! 나는 내 평생 모르는 아이한테는 절대 신경 쓰지 않을 거야! 모르는 아이들은 절대! 당신 아이도! 내 아이도! 젠장…….”

“대디.” 공주가 말했다. “내가 당신을 아는 한, 당신은 무엇을 해야 할지 늘 현명하게 말하고는 했어. 대부분 나중에는 모든 게 완전히 달라졌지만. 하지만 남자들이 그렇지. 조금 어리석어!”

“내가 할…….”

“그래 당신이 할 거야. 당신한테서 미래 시제를 빼면 남는 게 별로 없을 거야.”

“이 여자가!”

“당신도!”

출렁출렁. 호수 전체가 흔들리기 시작했다. 우리가 거친 물싸움을 했기 때문이었다. 그런 뒤 우리는 호숫가로 헤엄쳐왔다.

성으로 돌아가는 길에 공주가 말했다.

"우리 보스가 편지를 한 통도 안 보냈어……. 아바치아에서 매음굴에 팔린 건 아닐까?"

"글쎄, 뭐 거 수요가 있다면……."

"대디, 근데 닥스훈트는 어디 있어?"

"가방 닥스훈트?"

"응."

"그거 저기……. 내 침대 아래 있어. 밤에는 짖더라."

우리는 집 안으로 들어갔다.

공주가 후림새처럼 휘파람을 불었다. 뭐지?

편지가 와 있었다, 두꺼운 편지가. 공주는 편지를 열었다. 내가 그녀의 손에서 편지를 빼앗았다. 그러자 종잇장들이 바닥에 떨어졌다. 우리는 그것들을 모았고 기쁜 환호성을 질렀다. 거기에 모든 게, 우리가 필요로 하는 모든 게 다 있었다.

"정말 좋아. 자, 이제! 이제 어쩌지?"

"가장 좋은 건 말이야." 공주가 말했다. "곧장 그들한테 가서, 이 늙은 독종 여자한테서 아이를 데려오는 거야. 우리 뭘더 기다려?"

"우선 점심을 먹자. 그러고 나서 곧장……. 싸움은 소화에 좋아."

우리가 막 월귤나무 열매를, 설탕물에 절인 과일을 살짝 구운 디저트를 먹으려던 때였다. 그때 문 밖에서 시끄러운 소리가 들렸다. 그건 평범하지 않은 일을 알려주는 것이었다. 우리는 숟가락을 내려놓고 귀를 기울였다. 자?

안데르손 부인이 들어왔다. 그녀는 마치 신문의 호외면처럼 보였다.

"저기 어떤 아이가 밖에 있어요." 그녀는 이야기를 하면서 우리를 아주 살짝 불신하는 듯 쳐다보았다.

"어린 여자애예요. 그 애는 당신들 이름은 모르는데, 자기한테 인형을 준 남자와 여자를 만나고 싶다고 했어요. 내내 울고 있는데, 얼굴이 아주 빨개요……. 그 애를 아세요?"

우리는 동시에 벌떡 일어났다.

"아, 네. 우린 그 애를 알아요."

밖으로 달려나갔다.

거기 어린 것이 서 있었다.

정말 마구 쥐어뜯긴 것처럼 보였고, 울다 지쳤고, 머리카락이 얼굴로 내려왔다. 아마 빨리 달린 것 같았다. 아이는 정말 제정신이 아니었다. 뤼디아가 쳐다보자, 아이는 후다닥 달려와 뤼디아의 옷에 얼굴을 묻었다.

"왜 그래? 무슨 일이야?"

공주가 몸을 굽혔고, 오늘 아침 운동선수와 같던 아가씨에서 엄마로 변했다. 아니, 그녀는 둘 다였다. 안데르손 부인이 옆에 서 있었다, 호기심의 스펀지가 되어. 그녀는 모든 것 빨아들였다. 그래서?

빨간 머리카락의 여인은 아이를 두들겨 팼고, 꼬집었고, 엄청 소리를 질러서, 아이는 도망쳤다. 이제 더 이상은 참으면 안 될 것 같았다. 아이는 벌벌 떨고 또 떨면서 문 쪽을 보았다. 그녀가 오나? 아드리아니 부인이 아이를 데려갈 거다. 아드리아니 부인이 아이를 데려갈 거다. 무슨 일이 있었는지 그저 단편적으로만 아이한테서 알아낼 수 있었다. 결국 우리는 전부 다 알게 되었다.

우리는 멀뚱멀뚱 서 있었다.

"나는 아이를 내주지 않을 거야." 내가 말했다.

"아니지…… . 당연히 아니지." 공주가 말했다.

"아이를 돌려보내지 않을 건가요?" 안데르손 부인이 물었다.

어린 것은 큰 소리로 울기 시작했다.

"안 돌아갈 거야! 엄마한테 갈래!"

"블랙커피 한 잔 더 마시자. 그런 다음 가자." 내가 공주한테 말했다.

우리는 아이를 데리고 방으로 들어가서, 아이 앞에 과자를 잔뜩 늘어놓았다. 아이는 한 개도 먹지 않았다. 우리는 조용히 커피를 마셨다. 급해지면, 늘 우선 백까지 세거나 커피 한 잔을 마셔야만 한다.

"자, 뤼디아. 이제 아이 울음을 그치게 하고 조금 진정시켜. 나는 그 귀여운 여편네에게 전화할 거야! 보육원을 연결해주시겠어요?"

안데르손 부인은 여러 가지를 물었지만, 나는 아주 대충 대답했다. 여인은 스웨덴어로 전화에 대고 뭐라고 했다. 그런 뒤 나는 그곳에 앉아 기다렸다.

누군가가 전화에서 스웨덴어로 말을 했다. 나는 되는대로 독일어로 말했다

"아드리아니 부인이랑 통화할 수 있을까요?"

오랜 침묵. 그런 다음 거칠고 찌든 목소리가 들렸다.

"아드리아니 원장입니다!"

나는 이름을 댔다. 그러자 전화 저편에서 난리가 났다.

"아이가 당신한테 가 있죠? 그렇죠?"

"네."

"즉시 아이를 줘요……, 아이를 즉시 돌려보내요! 데려오게 시킬 거예요. 아뇨, 당신이 애를 나한테 곧바로 보내요……, 곧장 아이를 데려와요! 신고할 거예요! 유괴로! 당신이 아이가 그런 행동을 하게 만들었어요! 당신이요! 뭐요? 만일 아이가 30분 안에……, 30분 안에 나한테 오지 않으면……, 알아들었어요?"

내 속에서 스프링 조절장치가 찰칵하고 채워졌다. 나는 나를 통제했다.

"30분 안에 그곳에 가겠습니다!"

딸깍. 수화기 놓는 소리가 들렸다.

"뤼디아." 내가 말했다. "이제 어떡하지? 나는 그 할멈이랑 얘기할 거야. 이번에는 그녀 차례야. 하지만 아이 일은……. 그 일은 잘 안됐어. 우리는 아이를 데려가야만 해. 안 그러면 다 얻을 수가 없어!"

"흠."

"만일 우리가 아이를 여기 그립스홀름 성에 내버려두면, 그 할멈이 아이를 데려갈 일을 벌일 수도 있어. 그러면 이 모든 소동을 처음부터 다시 시작해야 해. 아이한테 설명 좀 해줘!"

10분이라는 긴 시간이 걸렸다. 아이가 옆방에서 우는 소리가 들렸다. 계속 울었다. 그러더니 조용해졌고, 안데르손 부인까지도 아이를 달래자, 아이는 조용해졌다.

"정말 나를…… 진짜로 나를 다시 데려올 거죠?" 아이는 계속 물었다.

우리는 아이에게 약속했고, 잘 설득하려 했다.

"아이는 울고, 그는 진심을 다해 위로하고." 공주가 조용히 말했다. 그런 다음 우리는 갔다.

우리는 아이가 알아듣지 못하게 프랑스어로 말했다.

"당신 곧장 그 여자한테 뛰어가 편지랑 수표를 얼굴에 들이밀고 싶지?"

"뤼디아." 내가 말했다. "우리 그 여자가 조금 소란을 피우게 내버려두자. 눈곱만큼……. 그 꼴이 어떤지 한 번 더 보고 싶어. 그저 조금만!"

공주는 투덜대면서 프랑스어에서 그녀가 사랑하는 저지 독일어로 말을 바꾸었다.

"내 주머니에 개가 있는데, 양의 요구를 들어줘야 한다는 거야?"

이제 우리는 다시 아이한테 주의를 돌렸다. 아이는 보육원 가까이로 다가가는 걸음걸음마다 불안해했다.

"나 다시 밖으로 나올 수 있어요? 하지만 그 여자가 나를 나가게 두지 않을 거예요. 그 여자가 나가게 두지 않을 거예요!"

"우리는 네 짐을 가져와야 해, 그러니 아무 걱정할 필요 없어……."

보육원이 보이자 우리는 한마디도 하지 않았다. 나는 아이의 어깨에 조용히 팔을 둘렀다.

"가자. 잘될 거야!"

아이는 약간 몸을 뺐지만, 얌전히 함께 갔다. 문을 두드릴 필요가 없었다. 문은 열려 있었다.

아드리아니 부인이 1층 홀에 있었다. 그녀는 뚜껑이 있는 함 위로 몸을 구부린 채 등을 우리 쪽으로 돌리고 있었다. 우리의 발소리를 듣자 그녀는 번개같이 몸을 돌렸다.

"아, 당신들이군요! 자, 운이 좋군요! 내가 보낸 여자애 못 만났나요? 못 만났다고요? 그래요, 당신들이 오지 않을까봐 사람을 보냈어요……. 대체 어디로 달아난 거야, 이 악당아!"

그녀는 아이한테 소리쳤다.

"우리는 나중에 얘기해요! 나중에 우리 얘기해요! 자, 따라와!"

아이가 공주 뒤에 숨었다.

"잠깐만요." 내가 말했다. "그렇게 서두르지 마세요. 아이가 왜 당신한테서 도망쳤죠?"

"당신과는 전혀 상관없어요!" 아드리아니 부인이 소리쳤다.

"전혀 상관없어요. 이리 와라, 얘야!"

그녀는 아이한테 다가갔다. 아이는 겁을 먹고 몸을 웅크렸다. 그녀는 아이의 머리에 손을 놓았다.

"무슨 바보 같은 짓이냐! 왜 나한테서 달아났어? 내가 무섭니? 무서워 할 필요 없어! 나는 너한테 제일 좋은 사람이 될 거야! 근데 너는 지금 낯선 사람들한테 도망치다니……. 너한테는 이 낯선 사람들이 나보다 더 가까운 거니? 내가 설명하마. 이 사람들은 제대로 결혼도 하지 않은 사람들이야……."

그녀는 거짓말로 집요하게 아이를 설득했다. 하지만 그녀의 목소리는 자의식적으로, 연극적으로 말을 하였다. 그녀는 얼굴을 옆으로 살짝 돌린 채 말을 했다.

"여기서 도망치다니……!"

아이는 몸을 웅크리고 오들오들 떨었다.

"말씀 좀 나눌 수 있을까요?" 내가 부드럽게 말했다.

"뭐요……. 우리는 할 말이 없어요!"

"아마 있을 겁니다."

우리 모두는 식당으로 갔다.

"그래 아이가 당신들한테로 도망쳤어요! 아주 친절하시군요! 내 경고대로 아이를 곧바로 돌려주었으니 당신들은 운이 좋은 거예요! 아이는 다시는 도망치지 않을 거예요. 약속할 수 있어요. 저 따위가 있는지! 자 두고 봐라……."

"그러나 아이는 이유가 있었을 거예요, 도망칠 이유가." 내가 말했다.

"아뇨. 그 애한테 이유가 있을 리 없어요. 아무런 이유가 없어요."

"흠. 근데 아이한테 어떻게 할 생각입니까?"

"벌을 줘야죠."

아드리아니 부인이 만족과 굶주림을 동시에 드러내며 말했다. 그녀는 의자에 앉아 몸을 쭉 뻗었다.

"질문 하나 해도 될까요? 아이에게 어떻게 벌을 줄 생각인가요?"

"대답할 필요가 없군요. 그럴 필요가 없어요. 하지만 이건 말씀드리죠. 왜냐하면 콜린 부인의 뜻이거든요, 콜린 부인의 뜻이에요. 아이를 엄격하게 다루는 것은요. 아이는 방에 갇힐 거예요, 보육원에서 주는 하찮은 벌들, 일하기. 아이는 다른 애들이랑 산책을 가서는 안 돼요. 여기서는 그렇게 합니다."

"그럼 우리가 아이에게 벌을 주지 말라고 부탁드리면……. 그렇게 하실 건가요?"

"아니요. 그럴 생각이 없습니다. 부탁을 하신다면야……. 나한테 부탁의 말을 할 생각인가요?"

그녀가 조롱하듯 덧붙였다.

"근데……. 아이들을 모두 그렇게 다루십니까? 가끔 엄격하기는 해야죠, 물론입니다, 하지만 아이들을 그렇게 절망에 빠뜨리는 건……."

"여기서 누가 아이들을 절망에 빠뜨린다는 거예요! 당신 아이들이나 가르치세요, 알아들었어요! 만일 저 부인이랑 아이가 있다면 말이에요! 이 아이는 내가 가르쳐요!"

"개뿔 같은 소리하고 있네!" 공주가 중얼거렸다.

"뭐라고 했어요?" 아드리아니 부인이 물었다.

"아무것도요."

"나는 내 원칙이 있어요. 내가 아이들에 대해 영향력을 갖고 있는 한……."

나는 그녀의 눈을 빤히 쳐다보았다……. 잠시 그녀가 허황되고 불안한 불안에 빠져 안절부절못하도록 내버려 두었다. 그녀의 눈이 계속 우리한테서 아이한테로 잽싸게 움직였고, 다시 제자리로 돌아왔다. 그녀는 아이를 기다렸다. 나는 곰곰이 생각해봤다, 세상에 얼마나 많은 사람들이 저런 폭력에 놓여있을까, 만일 우리가 아이를 정말로 그녀에게 건네주어야만 한다면, 그건 어떨까, 여기 있는 다른 아이들은 어떤 일을 견뎌내야만 할까…….

"자, 이제 나는 필요한 일을 준비하고 실행할 거예요……."

아드리아니 부인이 일어섰다. 이제 나는 과감히 할 일을 했다.

"아이는 당신 곁에 있지 않을 겁니다." 내가 말했다.

"뭐라고요—?"

그녀는 고함을 치며 도전하듯 두 손을 허리춤에 댔다.

"우리는 아이를 아이 엄마한테 데려다 줄 겁니다. 여기 콜린 부인의 편지가 있습니다. 여기 수표가 있어요……. 당장 지불하겠습니다……."

마치 우유가 냄비에서 끓어 넘치듯 여자의 얼굴 위로 놀라움이 퍼졌다. 그녀 마음속에 어떤 생각이 들끓는지 보였다. 그녀가 생각하는 것이 들렸다. 그녀는 믿지 못했다.

"거짓말이에요!"

"아뇨, 정말이에요. 자 이리 와서 다시 앉아 보세요…….모든 것을 차례대로 아주 잘 보여드리죠."

"너는 위로 올라가!"

그녀가 아이한테 호통쳤다.

"아이는 여기 있을 겁니다." 내가 말했다. "여기 편지가 있습니다. 서명은 공증 받았습니다."

아드리아니 부인은 내 손에서 편지를 잡아챘다.

그런 뒤 편지를 공주의 발 앞으로 던졌다.

"이게 감사야!" 아드리아니 부인이 소리쳤다. "이게 감사야! 이러려고 저 오갈 데 없는 걸 돌본 거야! 이러려고 저 애를 돌 본거야! 하지만 이건…… 이건 당신이 콜린 부인한테 말한 거예요! 당신이 그녀를 부추겼어요! 당신이 나를 헐뜯었어요! 나는 이걸…… 나가요! 당신……!"

"우리는 이제 아이를 데려갈 겁니다. 즉시 아이의 짐을 싸라고 하시고, 나한테 계산서를 주세요. 영수증을 주시면 수표를 드리지요. 수표는 스톡홀름에서 발행된 겁니다."

돈! 돈이 관계가 있었다! 그 여자의 얼굴에 다른 표정이 겹

쳤다. 그녀는 곧바로 목소리 톤을 바꾸었다. 훨씬 조용하고, 훨씬 냉랭하게 말했다, 아주 확실하게.

"계산서를 즉시 발급해드릴 수는 없습니다. 아이가 많은 것을 망가뜨렸어요. 손해배상청구를 할 겁니다. 당연히 분기 마지막까지 지불하셔야 합니다. 그렇게 규정되어 있어요. 당연합니다. 그리고 우선 여기 이 집 안에서 이 아이 탓에 망가진 모든 것을 다 계산해야합니다. 그건 적어도 일주일은 걸려요."

"지금 이 수표를 받았다는 영수증을 써주세요. 이 수표로는 4분기 말까지 비용을 지불하고도 52크로네가 남습니다……. 남은 돈에 대해서는 콜린 부인이랑 합의하세요. 아이는 우리랑 같이 갑니다."

아이는 울음을 그쳤다. 아이는 계속 이 사람 저 사람을 쳐다보았고, 공주한테서 잠시도 눈을 떼지 않았다, 잠시도.

아드리아니 부인은 내 손에 들린 수표를 보았다.

"돈만으로는 이 일이 처리되지 않아요!" 그녀가 말했다. "결국……. 기다리세요."

그녀가 갔다. 공주는 만족해하며 고개를 끄덕였다. 아드리아니 부인이 돌아왔다.

"아이는 사물함 하나를 망가뜨렸어요……. 창문 하나를 고장 냈고요. 창문은 안쪽에서 빗장이 걸렸어요. 아이가 뭔가를 밖으로 던져야 했나봅니다……. 그 가격은……. 세탁물 값도 있어요……."

"자, 이제 충분해요." 내가 말했다. "이제 당신은 아무것도 못 받습니다. 우리는 아이를 데리고 가겠습니다. 아이 물건은 챙기지 않고요. 아니면 수표를 받았다는 영수증을 써 주던가요. 아이 물건은 전부 우리한테 보내세요."

아드리아니 부인은 동요했다.

"모든 물건 말입니다. 그러면 돈을 받으시게 될 겁니다. 어때요?"

그녀는 몸을 꼬았다. 그녀의 속이 얼마나 들끓는지 느낄 수 있었다……. 하지만 저기 수표가 있다! 저기 수표가 있다! 심리상태는 가끔 아주 간단하다. 아니, 그렇게 간단하지만은 않다. 이 여인은 얼마나 많은 레퍼토리를 갖고 있는가! 이제 그녀는 그녀의 마지막 판을 올려놓았다.

그녀는 울기 시작했다. 공주가 그녀를 뚫어지게 보았다, 마치 진기한 동화 속 짐승이 앞에 있는 듯.

아드리아니 부인이 울었다. 아동용 작은 나팔을 부는 것처럼 들렸다. 그녀의 울음은 차라리 낑낑거리는 소리에 가까웠다. 아주 작은 소리였고, 눈은 눈물 한 방울 없이 뽀송뽀송 마른 채였다. 고무로 만든 작은 돼지가 그런 소리를 낸다, 공기를 들이마시게 하고 꾹 눌러 수축시키면.

클로즈업.

"나는 평생 일만 한 여인이에요." 작은 나팔이 노래했다. "여행도 많이 했고, 교육도 받았어요. 내 남편은 아파요. 나를 도와줄 사람은 아무도 없어요. 나는 8년 전부터 이 집을 맡고 있어요. 나는 아이들한테는 엄마 같아요, 엄마 같다고요……. 이 아이는 내 마음 속에서 컸어요……. 나는 이 아이를 위해……. 못된 것!"

그녀가 갑자기 소리쳤다.

마치 고통에서 해방된 것 같았다. 〈감동받은 어머니의 마음〉이라는 작품의 상연은 그렇게 멍청했다. 그것은 고루한 히스테리 발작의 틀에 박힌 방식이었다. 그녀가 효과적인 단어로 끝을 맺고 현실로 돌아왔을 때 우리는 악몽에서 깨어난 것 같았다.

"그럼." 내가 말했다. "이제 우리 가서 짐을 쌉시다!"

그녀의 마지막 반항이 타올랐다.

"나는 짐을 싸지 않겠어요. 직접 위에 올라가서 그 애의 넝마를 모으시죠. 아마 모든 게 엉망진창으로 놓여있을 거예요. 내가 찾아 주지는 않겠어요."

그녀는 의자에 쿵하고 앉았다. 우리는 곧바로 벌떡 일어났다.

"당연히 당신들만 올라가게 두지는 않을 거예요! 센타! 아나!"

하녀 두 명이 나타났다. 그녀는 하녀들에게 뭔가를 스웨덴 어로 말했다. 우리는 이해하지 못했다. 우리는 위층으로 올라 갔다.

모든 문에서 소녀들의 머리가 보였다, 겁을 먹고 호기심 가득한 흥분된 얼굴들이. 아무도 말을 하지 않았다. 소녀 한 명이 당황해서 무릎을 굽혀 인사를 하자 다른 아이들도 그렇 게 했다. 우리는 위층 아다의 침실로 갔다. 거기에는 네 명의 어린 소녀들이 있었는데, 수줍어하며 구석에 몰려 서 있었다. 우리는 사물함을 열었다. 공주는 가방이 있냐고 물었다. 네, 그 애는 가방 하나를 들고 왔었어요, 다락방에 있을 거예요.

"실례지만 그 가방을……." 하녀 한 명이 나갔다. 공주는 사물함을 정리했다.

"이거? 이것도?"

문이 벌컥 열렸다. 아드리아니 부인 급히 방으로 들어왔 다.

"그 애가 뭘 가져가는지, 정확하게 볼 거예요! 결국 당신은 다른 사람의 것을 불법으로 가져가는군요!"

그녀는 열등한 패자였다. 게임에서 졌다면, 누가 예의 바르겠는가?

"모든 걸 똑똑히 보실 수 있어요, 그리고 그건 그렇고, 어라!"

그녀는 몸을 웅크린 아이 쪽으로 갔다. 내가 펄쩍 뛰어 그 사이를 막아섰다. 우리는 잠시 서로 마주보았다, 아드리아니 부인과 나. 이 눈길 속에는 나를 오싹하게 만드는 육체적인 은밀함이 있었다. 이 전쟁은 사랑의 반대편 극이었다. 모든 전쟁이 그렇듯. 이런 눈길을 보면서 내 안에서 깊은 심연이 열렸다. 이 여자는 한 번도 만족한 적이 없구나, 한 번도. 그 야비한 처방이 뇌리를 스쳤다.

처방:

페니스 노르말리스

도심

레페타투르![61]

하지만 그것뿐만은 아니었다. 여기서 인간의 근원적인 충동이 미쳐 날뛰고 있었다. 힘, 힘, 힘에 대한 충동이. 그리고 그런 인간은 예상치 못한 폭동 이외에 그 어떤 것도 만나지 못한다. 그런 뒤에는 세계가 무너진다. 스파르타쿠스……. 그렇게나 많은 아이들이 여기서 고통을 당했다. 나는 때리고 싶었다.

61　처방: 정상 음경, 양: 반복적. 프로이트의《정신분석운동 역사에 공헌(1914)》 중에 나오는 말. "Rp. penis normalis, dosim repetatur"

그녀는 물러났다.

하녀가 가방을 들고 왔다. 우리는 아무 말도 않고 짐을 쌌다. 아드리아니 부인은 속옷 하나를 끌어당기더니 다시 내팽개치기도 했다. 아이는 공주의 손을 잡고 있었다. 소녀들은 구석에 서서 거의 숨도 쉬지 않았다. 아드리아니 부인은 그 아이들을 보고는 머리를 옆으로 까딱했다. 그러자 아이들은 발을 질질 끌며 문밖으로 나갔다. 짐 가방이 잠겼다. 우리는 그것을 아래층으로 들고 내려갔다. 하녀 하나가 우리를 도우려했다. 아드리아니 부인은 손짓으로 그것을 말렸다. 가방은 무겁지 않았다. 아이는 급히 우리와 함께 갔다. 이제 더 이상 울지 않았다. 나는 아이가 한 번 깊이 안도의 숨을 쉬는 것을 들었다.

"영수증은요?"

아드리아니 부인이 책상으로 가서, 뭔가를 종이에 적어 내게 건넸다, 마치 불집게를 건네듯. 나는 하마터면 그녀에게 유감을 표할 뻔했다. 하지만 이런 동정이 얼마나 위험하며 얼마나 쓸데없는 것인지 잘 알았다. 그것은 그녀한테 조금도 좋은 게 아닐 것이다. 왜냐하면 이 영혼의 사례로부터 그녀는 새로운 무대배경을 만들어 모든 것을 다시 시작할 것이기 때문이었다. 나는 그녀에게 수표를 주었다. 그녀의 얼굴을 보았다. 막이 내렸다. 이제 극은 더 이상 상연되지 않을 것이었다. 연극은 끝났다.

우리는 천천히 집을 나왔다. 아이가 그렇게 많은 고통을
당했던 집을.

우리 중 아무도 뒤를 돌아보지 않았다. 집 문이 닫혔다.

2

휴가 마지막 날…….

나는 벌써 여행하기 위해 옷을 갈아입었다. 나와 멜라렌
호수 사이에는 서먹서먹함이 살짝 가로 막고 있었다. 우리는
다시 서로에게 존댓말을 썼다.

아무 일도 일어나지 않은 오랜 시간. 바람만이 내 머리 위
에 부채질을 했다. 태양이 나를 비췄다……. 베일로 가져진 눈
길을 호수 위로 던졌던, 나뭇잎이 바스락거렸던, 호수가 호숫
가를 찰싹찰싹 쳐댔던 그 오랜 시간. 텅 빈 시간. 그 시간 속에
서 에너지, 지성, 힘과 건강은 무의 저수지로부터, 그 신비한
창고로부터 완전하게 보충되었다. 그 저장고는 어느 날 텅 비
게 될 것이다. 그러면 저장고 관리자는 "그래, 이제 우리는 더
이상 아무것도 없다……."라고 말할 것이다. 그러면 아마 나
는 죽어야 할 것이다.

저기 그립스홀름이 서 있다. 근데 왜 우리는 늘 여기에 머

물지 않는 걸까? 예를 들면 장기간 이곳에 세를 들 수도 있다. 안데르손 부인과 임대 계약을 맺을 수도 있다. 분명 별로 비싸지 않을 게다. 그럼 계속 머물 수 있을 것이다. 푸른빛 대기, 회색빛 대기, 태양, 바다의 숨결, 물고기와 그로그 술. 영원한, 영원한 휴가.

아니다, 그렇게 해봤자 별 것 없다. 이사를 하면, 걱정도 따라온다. 4주 이곳에 머물면, 모든 것에 대해, 사소한 불편함에 대해서도 웃을 수 있다. 그까짓 것들은 너와는 아무 상관도 없다. 하지만 영원히 이곳에 머물면, 상관을 해야만 한다.

"여기 참 멋지군." 언젠가 카를 5세[62]가 수도원을 방문하고는 수도원장에게 이렇게 말했다. "여행자한테는요!" 수도원장이 대답했다. "멋지다고요? 그렇습니다, 잠시 스쳐가는 분께는요."

마지막 날. 지난 몇 주 동안 수영이 이렇게 상쾌한 적은 없었다. 바람이 이렇게 온화한 적은 없었다. 태양이 이렇게 밝게 비춘 적은 없었다. 이 마지막 날처럼. 휴가의 마지막 날. 여름의 신선함의 마지막 날! 레드 와인의 마지막 한 모금, 사랑

---

62 카를 5세(독일어: Karl V; 라틴어: Carolus V; 프랑스어: Charles V; 네덜란드어: Karel V, 1500-1558): 1519년부터 신성 로마 제국 황제였으며, 이탈리아에서는 카를로 5세(이탈리아어: Carlo V), 스페인에서는 카를로스 1세(스페인어: Carlos I)라고도 불렸다.

의 마지막 날! 하루만 더, 한 모금만 더, 한 시간만 더! 반만 더……! 가장 맛이 좋을 때가 멈출 때이다.

"오늘이 오늘이야." 공주가 말했다.

왜냐하면 이제 모든 것이 출발을 위해 준비되어 있었기 때문이었다. 짐 가방, 손가방, 닥스훈트, 어린 것과 우리.

안데르손 부인과 작별 인사를 하러 가는 동안 뤼디아가 말했다.

"당신 좀 봐! 강판으로 면도를 했나봐. 이 젊은이는 한순간도 혼자 둘 수가 없어!"

나는 부끄러워하며 턱을 문지르고, 거울을 꺼내보고 재빨리 다시 집어넣었다.

안데르손 부인과의 엄청난 장황설.

"감사해요……. 고마워요……." 그리고는 "정말 고마워요! …… 아주 감사해요……." 그런 뒤 "잘 지내세요!"

감동적이고 친절한 인사말을 계속 주고받았다. 그러고 나서 우리는 아다의 손을 잡고, 각자 가방을 들었다. 작은 자동차가 있었다. 출발.

"휴가 요크."

내가 말했다. 요크는 터키어로 '없어졌다'라는 뜻이다.

"너도 다 눈치 챘지."

공주가 이렇게 말하면서 아이의 머리를 빗겼다.

"뤼디야, 나는 당신이 그렇게 친절한 유모 역할을 할 거라고는 생각도 못했어! 봐, 당신 안에는 모든 게 다 들어있어!"

"나는 곧 당신이지, 더 정확히 말하면 양파야!"

공주는 이렇게 말하면서, 아마 자기도 모르게, 같은 시대의 그녀와 같은 모든 여성의 정체를 폭로했다.

그런 뒤 아이가 천천히, 아주 천천히 그리고 더듬더듬 이야기를 하기 시작했다. 우리는 아이를 재촉하지 않았다. 아이는 처음에는 아예 입을 열지 않으려했지만, 나중에는 자유롭게 말을 했다. 아이가 말을 하고 싶어 한다는 것, 다 말하고 싶어 한다는 것을 알 수 있었다. 아이는 다 말했다.

리사 베디겐과의 싸움, 달력의 종이에 대해서도. 지속적인 벌과 베개 아래 두었던 초롱꽃도 이야기했다. 그리고 아이의 별명이 '그 애'라는 것도. 어린 빌과 엄마, 그리고 그 악당이 소녀들한테 폭군처럼 굴기 위해 생각해 낸 것, 하네와 게르티와 사물함 속의 음식과 모든 것을.

약간 뒤죽박죽이긴 했지만 무슨 말을 하려는지는 알아들을 수 있었다. 그래서 나는 이 아이를 이제부터 아다 뒤죽박죽이라고 불렀다. 그리고 공주는 아이한테 엄마이자 아빠가 되어주었다. 그래서 나는 공주한테 아이에게 젖을 주라고 했다. 그러자 이것에 대해 격렬한 싸움이 시작되었다. 어느 쪽을 주라는 건지. 왼쪽을 줄 것인지 오른쪽을 줄 것인지. 그러다 보니 스톡홀름에 도착했다.

그런 뒤 독일을 향해 갔다.

베를린은 거대한 팔을 펴 바다를 건너 손을 뻗쳤다…….

"우리 크레머 부인한테 전화해야만 해." 공주가 말했다. "확실한 게 좋지. 젊은이, 우리는 잘 쉬었어! 자네 뭘 더 원하나?"

아이는 몇 차례 더듬더듬 혼잣말을 했고, 말을 하려고 했다가 다시 그만 두었다.

"응?"

아니다, 아이는 화장실에 가고 싶은 게 아니었다. 뭔가 물어보려고 했다. 그리고 물었다.

"아줌마랑 아저씨 부랑자예요?"

우리는 넋이 나가서 서로 쳐다보았다.

"아드리아니 부인이 그렇게 말했어요……."

아드리아니 부인은 아이에게 우리를 열정적인, 그래 전문적인 부랑자들이라고 말했던 게 밝혀졌다. "저기 밖에 있는 이 부랑자들, 결혼도 하지 않은 것들!"이라고 그녀가 말했던 것이다.

그래서 아이는, 이제는 완전히 마음이 풀린 아이는 이제 모든 것을 알고 싶었다. 우리가 부랑자인지, 무슨 부랑자 같은 짓을 했는지, 우리가 전에는 결혼을 했었는지 그리고 지금은 왜 결혼을 하지 않았는지. 그런 뒤 아이는 화장실에 가고 싶어했다. 이제 우리는 아이를 재웠다. 그러면서 나는 갑자기 내가 아이를 약간 질투한다는 것을 알아차렸다. 여기서 누가 아이였을까? 여기서는 내가 아이였다. 이제 아이는 잠이 들었고, 뤼디아는 다시 나 혼자 차지했다.

"당신 결혼했어?" 공주가 물었다. "그래, 그게 빠졌었네!"

"할멈." 내가 말했다. "아냐, 우리는 부랑자야, 우리는 결혼하지 않았어. 우리가 부랑자라면……. 5주, 잘 보냈지, 어때? 구름 한 점 없었어. 싸움도 안 했고, 문제도 없었고, 사건도 없었어. 5주는 5년이 아니야. 우리의 걱정거리가 뭐야?"

"우리는 걱정거리를 물품보관소에 맡겼어……. 그렇게 할 수 있어." 공주가 말했다.

"5주 동안." 내가 말했다. "5주 동안 많은 일이 있었고, 다 잘 됐어."

그렇다……. 익숙했지만 지루하지는 않았다. 새로웠지만 너무 새롭지는 않았다. 신선했지만 낯설지는 않았다. 겉보기에는 삶이 아무 변화 없이 지난 듯했다……. 첫날의 열기는 지나갔다. 오랜 세월의 미적지근함은 아직 오지 않았다. 우리가 감정에 대해 겁을 먹었을까? 가끔은, 감정의 형태에 대해. 누구나 짧은 행복은 누릴 수 있다. 그리고 여기 현세에서의 짧은 행복, 다른 것은 생각할 수도 없다.

우리가 탄 기차가 트렐레보리로 들어섰다. 늦은 저녁이었다. 하얀 아크등들이 바람에 흔들거렸다. 우리는 기차가 패리호로 밀려들어가는 것을 지켜보았다. 아이는 벌써 잠이 들었다.

커다란 여객선이 소리를 내며 물을 가르며 항구로 들어갔다. 모든 불빛이 반짝거렸다. 앞쪽에는 배의 위치 표시등들이, 위쪽 마스터에는 작은 점들이, 모든 방, 모든 선실에 환하게 불이 켜져 있었다. 배가 멀리 갔다. 음악이 흘러왔다.

> 당신이 무엇을 하든
> 내 마음은 당신 것

그리움의 물결이 우리 마음속에 찰싹였다. 환하게 불을 밝힌 낯선 행복, 그것이 저쪽으로 사라졌다. 그리고 우리는 알았다. 만일 우리가 저 배에 타고 있어서 패리호에 실린, 불을 밝힌 기차를 보았더라면, 우리는 또 '저기 사라진다, 행복이'라고 생각했을 거라는 걸 말이다. 화려하고 번쩍이는 커다란 배가 우리 앞을 지나갔다. 마스터에 작은 불빛을 점점이 달고서. 우리는 땀을 뻘뻘 흘리는 승무원은 보지 못했다, 사무실에 앉아 있는 선주도 보지 못했다, 잔소리하기 좋아하는 선장도, 위통을 앓는 회계담당자도 보지 못했다……. 당연히 우리는 그

런 사람들이 있다는 것을 알고 있었다. 하지만 지금은, 바로
이 순간에는 알고 싶지 않았다.

> 당신이 무엇을 하든
> 내 마음은 당신 것

우리의 마음도 약간은 배를 따라 갔다.

그런 뒤 우리의 기차는 페리 호에 실렸다. 배가 살짝 흔들
렸다. 해안가의 불빛이 점점 더 작아지더니, 푸른 밤공기 속에
잠겼다.

우리는 갑판에 섰다. 공주는 바다의 소금기 어린 공기를
들이마셨다.

"대디. 이번 여름에 대해 당신한테 정말 감사해!"

"아냐, 할멈, 내가 당신한테 감사하지!"

그녀는 어두운 바다를 쳐다보았다.

"바다……." 그녀가 조용히 말했다. "바다……."

스웨덴이 우리 뒤에 있었다. 스웨덴과 여름이.

그런 후에 우리는 식당의 구석에 앉아 먹고 마셨다.

"우리 휴가를 위해, 할멈!"

"더 무엇을 위해서 건배할까?"

"칼헨을 위해!"

"술잔을 높이!"

"빌리를 위해!"

"술잔을 높이!"

"아드리아니 부인을 위해!"

"술잔을 아래로!"

"당신의 총영사를 위해!"

"술잔을 중간 높이로!"

"이건 다 건배 때 할 말이 아니네, 대디. 다른 말은 몰라? 다른 걸 알잖아. 안 그래?"

나는 공주가 무엇을 말하는지 알았다.

"마르체 플로어." 내가 말했다. "마르체 플로어!"

그녀는 프리슬란트 지역 농부의 딸이었다. 30년 전쟁[63] 때 그녀는 용병대 란츠크네히트[64]한테 억지로 식탁에 끌려왔다. 용병들은 모든 것을 남김없이 약탈했다, 포도주 저장고, 훈제 창고, 과일 상자와 옷장을. 딸이 끌려올 때 농부는 그 옆에 손을 쥐어짜며 서 있었다. 그들은 소녀를 거칠게 끌고 왔다. 세

---

63 30년 전쟁: 1618-1648년, 30년간 독일 지역에서 구교와 신교국가들이 벌인 전쟁.

64 란츠크네히트(Landsknecht): 15세기 후반부터 16세기 후반까지 유럽, 특히 독일에서 자주 활동했던 용병 보병.

상에! 그녀는 거기 서 있었다, 반항적으로, 하나도 겁먹지 않고. 그녀는 건배의 말을 해야만 했다! 그들은 농부의 머리에 병을 집어 던졌고, 그녀 손에 가득 찬 술잔을 들려주었다.

그러자 마르체 플로어는 목소리와 술잔을 높였다. 그녀가 건배의 말을 하자, 작은 방 안은 완전 조용해졌다. 저지 독일 사람은 모두 그 말을 알고 있다.

"노후에 우리에게 복이 있기를!"

그녀는 이렇게 말했다.

역자 후기

시사평론가, 정치에 열렬한 관심을 보인 저널리스트, 소설가, 서정시인, 문학·영화·음악 평론가, 작사가. 독일 바이마르 공화국(1919-1933) 시절 활동했던 작가 쿠르트 투홀스키 Kurt Tucholsky(1890-1936)에게는 이렇게 많은 명칭이 붙는다. 필명도 하나가 아니다. 카스파르 하우저, 페터 판터, 테오발트 티거, 이그나츠 브로벨, 가끔은 파울루스 뷘츨리, 테오발트 쾨르너, 올드 쉐터핸드와 같은 다양한 이름으로 글을 썼다. 살아 있을 적에는 "공화국 최고의 정치 풍자 시인"이라는 칭찬을 받았다. 사망 후에는 이전의 명성은 많이 사그라졌지만, "언어 교육자로서, 정치적 사고를 위한 교육자로서 그를 대신할 만한 작가는 없을 것"이라는 평을 받았다.

　그는 주로 짧은 에세이나 풍자시를 썼고 소설은 드물게 발표했다. 《그립스홀름 성. 짧은 여름이야기》(1931)는 그의 몇 안 되는 소설 중의 하나이다. 작가가 출판사 사장 로볼트에게 보내는 편지로 시작하여 마치 작가의 실제 이야기처럼 보이는 이 작품이 발표되자 평론가들은 이 작품 속의 유머와 경쾌함을 칭찬했고, 투홀스키 본인은 "손가락 연습"이었다고 표현하며 쉽게 쓴 소설임을 강조했다.

페터로 불리는 주인공과 공주라는 별명을 가진 그의 여자 친구 뤼디아의 5주간의 휴가 이야기, 그야말로 '짧은 여름이야기'인 이 소설은, 작가가 쉽게 썼다고 강조한 것처럼 독자도 작품을 읽는 데 큰 어려움은 없다. 페터와 뤼디아, 두 연인의 여행 이야기 속에는 시대적 배경도, 자연 풍경에 대한 묘사도, 인물의 복잡한 내면 세계도 보이지 않는다. 하지만 사소한 이야기 속에서 주인공과 여자 친구, 그 주변 인물들과의 관계는 물론 주인공이 휴가 중 겪는 사소한 사건들을 바라보며 갖는 생각들은 단순하지 않다. 여성들과의 관계에서는 작가의 유년기 혹은 사생활을 엿볼 수 있으며, 특히 그립스홀름 성에서 머물면서 벌어지는 사건은 작가가 겪은 빌헬름 시대, 1차 대전과 바이마르공화국 시대, 서서히 다가오고 있는 나치시대에 대한 은유라고 볼 수 있다.

여성에 관하여

베를린의 부유한 유대인 집안 장남으로 태어난 투홀스키는 물질적으로는 부족함이 없었다. 하지만 아버지와는 존경과 사랑의 관계를 맺었던 반면, 어머니에게는 평생 미움을 갖고 있었다. 아버지의 사촌이기도 했던 어머니는 독재적인 성격을 가진 사람으로, 온 집안 식구들은 그녀로 인해 늘 불안해했다. 이런 집안 상황은 자신의 집에 대해 서술한 장면에서 읽을 수 있다.

> 문들이 시끄럽게 쾅하는 소리를 냈다. 그리고 우리는 날카로운 소프라노 음성을 들었다. "마리! 마리! 먼지 닦는 걸레들은 오른쪽 서랍에 넣는 게 아니라고 내가 벌써 수천 번 말하지 않았나요? 마리! 내 열쇠 바구니 어디 있어요? 마리! 바구니! 부비는 어디 있어요? 마리! 아이는 어디 있나고요? 아이! 바구니!" 방치되어 황폐해진 것처럼 보이는 작은 생명체는 죽을 듯 슬픈 눈을 한 채 구석에 쪼그리고 앉아있었다.

아버지가 일찍 돌아가신 뒤, 어머니에 대한 미움은 더 커졌고, 이런 상황은 평생 해소되지 않았다. 그의 작품에서는 이러한 흔적이 자주 등장한다. 《그립스홀름 성》에서 보육원 원장 아드리아니 부인에게서 작가의 이런 갈등의 흔적을 발견할 수 있다. 아드리아니 부인은 자신의 원칙에 따라 아이들을 교육한다고 하지만, 교육을 핑계로 언어적 육체적 폭력을 통해 절대적인 복종을 요구한다.

이 여인과 정반대의 인물은 주인공의 여자 친구 뤼디아이다. 뤼디아는 주인공에게는 누구로도 대체할 수 없는 절대적인 존재이다.

> 뤼디아는 나한테는 모든 걸 다 포함하고 있는 존재였다. 연인이
> 고, 희극 오페라이고, 어머니이자 친구였다. 그녀한테 내가 무엇
> 인지는 결코 알아낼 수 없었다.

뤼디아는 실제 인물인 리자 마티아스가 모델로 해서 창조
된 인물이다. 이 여인은 스웨덴에 알려지지 않은 독일 및 유럽
작가들의 작품을 번역·소개하고, 아름답고 독특한 장정의
책을 출판하여, 스웨덴의 문학과 출판업계에 많은 기여를 했
다.

투홀스키는 뤼디아를 통해 자신이 생각하는 이상적인 여
성을 그려낸다. 어머니와는 정반대의 알토 목소리에, 유쾌하
고 감성적이면서도 이성적이고 행동력 있는 여성, 젊고 아름
다운 독립적 여성이면서도 깊은 모성을 가진 여성. 투홀스키
는 사랑의 문제에 있어서도 이 여주인공에게 독립성을 부여
했다. 주인공 페터와 뤼디아의 관계에서 오히려 뤼디아가 주
도적인 듯 보인다.

전통적인 남녀관계가 당연히 훨씬 더 지배적인 시대였지
만, 페터와 뤼디아, 페터의 친구 칼헨, 뤼디아의 여자 친구 빌
리의 모습이나 이들의 관계에서 이전과는 다른 남녀관계 혹

은 사랑의 형태, 가족의 형태가 드러난다. 성적인 묘사나 아드리아니 부인의 상태를 프로이트의 처방과 연결시키는 점은 작가 투홀스키가 프로이트의 영향을 받았다는 것을 보여준다.

시대에 관하여

독일은 1871년 프로이센의 왕 빌헬름 1세의 주도 아래 통일되었다. 1883년 빌헬름 1세가 사망하고, 그의 아들이 재위 99일 만에 사망하면서 손자인 빌헬름 2세가 독일제국 3대 황제로 즉위했다. 투홀스키가 태어났을 때, 독일은 막강한 힘을 과시하고 있던 때였다. 투홀스키의 아버지 알렉스는 이미 1894년 황제가 전쟁을 일으킬 것이라는 것을 예측했었다. 제1차 대전은 오스트리아가 시작했지만, 어쨌든 독일은 전쟁에 참전했고, 그 패배의 결과 1918년 왕정은 무너지고 1919년 민주공화국인 바이마르 공화국이 설립되었다.

쿠르트 투홀스키는 바로 이 시대에, 경제적으로는 극심한 인플레이션을 겪었지만, 문화적으로는 이전보다 비교적 자유로웠고 새로운 문화가 꽃피었던 시대에 다방면에서 작가로서의 역량을 드러내며 활동했다. 하지만 이 시기는 곧 나치에 의해 끝을 맺었다. 1933년 나치가 집권하기 전인, 1930년 투홀스키는 이미 스웨덴으로 이주했다.

《그립스홀름 성》에는 이런 시대적 배경이 은연중 드러난다. 노골적인 묘사는 없지만, 가상의 미술관 '폴뤼잔드리온'의 그림에서 "군국주의"가, 주인공이 콜로세움에서의 검투사 경기를 상상하는 모습에서 폭력에 열광하는 민중의 모습이 그려진다. 어머니의 반영이기도 한 아드리아니 부인은 복종을 강요하는 사람의 전형 혹은 그런 생각이 지배하는 시대를 보여주는 것이라 할 수 있다. 언제든 겉으로 폭발할 수 있는 내면에 잠재한 폭력은 지난 시절 제1차 대전 초기 흥분했던 대중의 모습이기도 하고, 앞으로 다가올 나치즘에 열광할 대중의 모습이기도 하다.

주인공과 뤼디아가 보육원에 있던 소녀 아다를 구해내고 베를린으로 돌아오면서 30년 전쟁 때의 유명한 일화를 떠올린다. 용병들에게 붙들려 억지로 축배사를 강요당했던 처녀의 말은 현재의 상황이 어쨌든 모두가 바라는 미래, 불안한 시대를 살았던 작가 투홀스키가 바라는 소망일지도 모른다.

"노후에 우리에게 복이 있기를!"

작가 연보

1890   1월 9일, 베를린에서 이미 2세대 전부터 성공적으로 독일시민 사회에 정착한 유대인 집안의 장남으로 출생.

1893   가족 슈테틴으로 이사. 훗날 그의 작품에서 저지 독일어가 자주 언급되는 것은 이곳에서 그 언어를 듣고 자랐기 때문. 그는 죽을 때까지 이 지역의 자연을 사랑했고 그리워함.

1896   투홀스키 학교 입학. 남동생 프리츠 출생.

1897   여동생 엘라-이다(엘렌) 출생

1899   베를린으로 다시 이사. 투홀스키 프랑스 김나지움 입학. 투홀스키의 아버지는 빌헬름 2세 황제의 과대망상적 정책과 새로운 전쟁을 준비하고 있는 것을 감지했고, 독일 학교가 학생들을 황제의 신하로 키우는 것에 반대하여, 아들을 프랑스 학교에 입학시킴. 1689년에 세워진 이 학교는 진보적이었고 인문주의적 교육에 치중함. 투홀스키는 재능은 있었지만, 공부에 열의를 보이지는 않았음.

1903   빌헬름 김나지움으로 전학. 민주주의적인 교육을 받았던 터라 이 학교에 적응하지 못함.

1905   11월 1일, 부친 알렉스 투홀스키 사망. 투홀스키는 아버지를 일찍 잃은 상처를 평생 극복하지 못함. 투홀스키와 그의 형제들은 아버지가 지배적이고 신경질적인 어머니와 이혼하기를 바랐을 정도로, 어머니를 두려워하고 싫어했음. 특히 사망 직전의 아버지의 고통과 어머니의 냉정함이 어머니에 대한 증오를 더욱 키웠을 수도 있음. 투홀스키에 따르면 아버지는 병상에서 고통스러워하며 "계속 아편을 달라고 소리쳤고, 어머니는 이를 허용하지 않았다."고 함. 어머니 때문에 느꼈던 불안과 좌절의 흔적은 그의 작품에서 자주 발견할 수 있음.

1907 어머니가 투홀스키를 자퇴시킴. 개인 교사에게 수업 받으며 아비투어(대학입학시험) 준비

1909 아비투어 합격. 10월 7일, 베를린 대학에서 법학 공부 시작.

1911 사회민주주의 성향의 신문 〈전진〉에 처음 기사 실림(1914년까지 이 신문에 기고). 8월, 훗날의 부인인 엘제 바일 만남. 프라하에서 막스 브로트 방문. 이때 그의 친구 작가 프란츠 카프카 알게 됨.

1912 소설《라인스베르크. 연인들을 위한 그림책》출판.

1914 베를린 대학에 재입학. 베를린 유대인 공동체 탈퇴.

1915 예나 대학에서 박사학위 받음.

1916 투홀스키가 만든 잡지 〈비행사〉 첫 판 나옴.

1918 개신교 세례 받음. 〈울크〉 편집 맡음.

1920 의사인 엘제 바일과 결혼.

1923 캬바레 〈곤돌라〉 개업, 여기에 투홀스키도 관여.

1924 엘제 바일과 이혼. 1917년 만났다가 1920년 헤어진 전 여자 친구 마리 게롤트와 결혼.

1928 마리 투홀스키 떠남.

1929 투홀스키, 그립스홀름 성 근처인 래게스타에 거주.《독일, 모든 것에 대한 독일》출판.

1930 스웨덴으로 이주.

1931 《그립스홀름 성》로볼트 출판사에서 출판.

1933 히틀러, 제국 총통됨. 5월 10일 책 불태움. 투홀스키의 작품도 태워짐. 마리 투홀스키와 이혼.

1934 투홀스키, 스웨덴 외국인 여권 발급받음.

1935 12월 21일, 55세로 스웨덴 예테보리에서 사망

1936 여름, 투홀스키의 재, 스웨덴 마리에프레드 그립스홀름 성 근처의 떡갈나무 아래 묻힘.